Lições
Empresariais
de
GAME OF THRONES

Título Original - Lições Empresariais de Game of Thrones
Copyright © Editora Escala Ltda., 2017

ISBN 85-389-0246-1

Direção Editorial *Ethel Santaella*

REALIZAÇÃO
Fullcase Comunicação

Coordenação Geral *Angel Fragallo*
Preparação de Texto *Juliana Klein*
Revisão *Adriana Giusti*
Diagramação e Arte *Rodrigo R. Matias*
Fotos/Ilustrações *iStock.com: OlgaMiltsova (capa), Andrey Kuzmin (capa), Egon69 (capa, 30), ilbusca (56), lushik e Lubushka (ícones)*

livrosescala@escala.com.br

Dados Internacionais de Catalogação na Publicação (CIP)
(Câmara Brasileira do Livro, SP, Brasil)

Tavares, Carolina
 Lições empresariais de Game of Thrones / Carolina Tavares. -- São Paulo : Editora Escala, 2017.

 ISBN: 978-85-389-0246-1

 1. Administração de empresas 2. Administração de pessoal 3. Game of Thrones (Série de televisão) - Personagens 4. Liderança 5. Sucesso nos negócios I. Título.

17-09100   CDD-658.4

Índices para catálogo sistemático:

1. Lições empresariais : Administração executiva
   658.4

Todos os direitos reservados. Nenhuma parte deste livro pode ser reproduzida por quaisquer meios existentes sem autorização por escrito dos editores e detentores dos direitos.
Av. Profª. Ida Kolb, 551, Jardim das Laranjeiras, São Paulo, CEP 02518-000
Tel.: +55 11 3855-2100 / Fax: +55 11 3857-9643
Venda de livros no atacado: tel.: +55 11 4446-7000 / +55 11 4446-7132
vendas@escala.com.br * www.escala.com.br

Carolina Tavares

Lições Empresariais de GAME OF THRONES

Das estratégias de Daenerys à liderança de Jon Snow, o mundo dos negócios revelado dentro da série

Editora escala

SUMÁRIO

PREFÁCIO 9

Capítulo 1
STARTUPS 21
Quando o dragão desperta

Capítulo 2
PLANEJAMENTO 39
Qual o caminho de Westeros?

Capítulo 3
ESTRUTURA 55
O pequeno conselho

Capítulo 4
CLIENTES 75
Não diga que é um rei, seja um rei

Capítulo 5
PARCERIAS 95
Alguém me empresta os navios?

Capítulo 6
COMUNICAÇÃO 115
Sua hora chegou, o trono é seu!

Capítulo 7
LIDERANÇA 133
Aproveite o seu reinado

*"Um líder deve aprender
que palavras conquistam
coisas que muitas espadas
não conseguem"*

George R. R. Martin - *Roteirista e Autor
da série Game of Thrones*

PREFÁCIO

por Thaizi Morani

s desafios de um empreendedor são muito similares aos dos personagens da série Game of Thrones. A história permeia objetivos de crescimento, disputas com concorrentes com e sem ética, planejamento, metas e ainda questões intemporais, como ambição, gestão de conflitos, alianças estratégicas e os múltiplos sinônimos de poder, por exemplo, informação, conhecimento, *status* e dinheiro.

Um grande desafio do empresário é a luta com sua própria mentalidade e sabotadores pessoais. Em tempos de crise, o "patinho feio" dos Lannister demonstrou como transformar adversidades em vantagens mesmo diante de grandes obstáculos, como o nanismo, o desprezo do pai influente e várias "quase mortes". Ele é um dos personagens mais influentes da série. Tyrion Lannister é um dos grandes exemplos de mentalidade de sucesso e superação. Mesmo não sendo um grande candidato ao trono, ele passa por grandes crises, mantendo-se concentrado na solução, e é muito prudente mesmo quando tudo parece a seu favor.

A certeza de revés e a instabilidade de posições são duas grandes lições da série para serem aplicadas aos negócios. Não há poder, dinheiro, idade ou experiência que garanta vitórias, nem mesmo que a cabeça continuará sobre o pescoço dos personagens de GOT.

Eles precisam aprender a lidar com o CAOS como parte do processo, assim como empresários precisam aprender que falhas e adversidades vêm no pacote do empreendedorismo. Uma grande lição sobre isso veio até de Petyr "Mindinho" Baelish quando diz que: "Caos não é um abismo. Caos é uma escada. Muitos que a tentam escalar falham e nunca mais tentam de novo. A queda quebra-os. E a alguns é dada a chance de subir, eles se agarram ao reino, ou aos deuses, ou ao amor. Apenas a escada é real. A escalada é tudo o que existe".

A conquista do trono tem um simbolismo equivalente ao sucesso nos negócios. De *startups* a empresas. É uma batalha diária e constante que também exige planejamento e estratégia. *"The winter is coming"* e toda a preparação do Norte para receber sua sombria temporada é um grande exemplo de como lidar com desafios previsíveis. Antecipação, planejamento, busca de soluções alternativas e parceiros que possam fortalecer a sua casa empresarial, tal como os reis do Norte o fazem.

A solidão do rei, que precisa de certo distanciamento emocional para tomar decisões rápidas e que privilegiem seu povo e legado, é bem marcante. Jon, por exemplo, morreu ao relutar em tomar posições difíceis a respeito de pessoas e ações sob seu comando.

A pequena Arya Stark nos mostra que tamanho não é documento. Mesmo criança diante de um mundo de reis cruéis e personagens golpistas, corsários, mercenários e até dragões, ela sobrevive a cada temporada. Como diria um de seus mentores, Syrio Forel: "Cada ferida é uma lição e cada lição nos torna melhores". Muito focada em seus objetivos e atenta a extrair o melhor aprendizado de cada situação e mentor em seu caminho, é um grande exemplo de superação e de como pequenos negócios não precisam se intimidar diante da ferocidade do mercado.

A história traz a paradoxal realidade de que a estabilidade é irreal. Os personagens mais amados morreram e ainda morrem. Mostrando que, sozinhos, bom coração e intenções não garantem sucesso.

Falando dos mortos populares, assim como grandes ideias inovadoras, o erro fatal mais comum foi a acomodação. Outra grande lição para empresários é que "ninguém vai te dar o trono de graça!". Sucesso empresarial nunca será congruente com o medo de correr riscos, receio de insucesso, passividade e principalmente a falta de protagonismo.

Você pode ser inexperiente e desconhecer seus concorrentes, como a mãe dos dragões. Mas precisa reconhecer suas limitações e buscar para sua "casa empresarial" as habilidades e conhecimentos que lhe faltam. Daenerys se cercou de mentores e seguidores competentes para minimizar seus pontos fracos.

Tyrion é maestral ao dizer que: "A mente precisa de livros como a espada precisa de uma pedra de amolar". Você não precisa ter todo o conhecimento estratégico e operacional de seu segmento para abrir um negócio, mas precisa ser comprometido com seu desenvolvimento e aprendizado constantes.

Imagine que cada *startup* seja um dos Sete Reinos em busca do Trono de Ferro. Só há um trono, assim como existe a estatística da Associação Brasileira de *Startups* de que 90% das *startups* quebram. A princesa Targaryen contrariou os "indicadores" e provou que tamanho e capital não são páreos para uma boa estratégia baseada em diferenciais. Quem mais tem dragões nesses Sete Reinos?

Além da aposta nos diferenciais, Daenerys foi extremamente persistente e focada mesmo quando todo o "jogo" parecia contra ela. Muito perspicaz em buscar alianças certas e mentores com múltiplas habilidades e visões, ela ampliou suas chances e se tornou uma das mais fortes candidatas ao Trono de Ferro.

Em Westeros há muito poder vinculado ao dinheiro, mas nas *startups* é importante saber traduzir isso. Os dados são o novo ouro. Persistir de modo cego em inovações sem adesão de mercado pode levá-lo a arder em fogo vivo, mas ignorar as necessidades delas no mundo das *startups* será mais certo que a mudança de lado de Mindinho.

Prefácio

Não há como iniciar o tema planejamento sem mencionar a frase mais ouvida da série "O inverno está chegando". O rei do Norte sabe como é importante estar preparado para tempos difíceis e traduz com isso as motivações e detalhes de um planejamento empresarial.

Ned e Robert Stark, ou mesmo Jon Snow, cada um a seu modo, cercam-se de preparativos para o desafiante inverno. O desafio é visto de modos diferentes por cada rei, influenciados por seus conhecimentos e percepções. Contudo, alguns detalhes são comuns. O empresário não pode ser inocente como Jon Snow, é preciso saber das coisas. Antecipar cenários. Todas as batalhas da série mostram as reuniões entre os reis e seus conselheiros. Mentores com visões múltiplas sobre o cenário reunidos antes, durante e após cada contenda para planejar e reavaliar as ações que podem gerar melhores resultados.

Mesmo quando "a noite é escura e cheia de terrores", como diria Melisandre, é essencial não perder a razão. Decisões emocionais nos negócios podem custar sua cabeça e aniquilar toda sua dinastia, assim como em GOT.

A estrutura organizacional e o claro posicionamento sobre sucessões garantem que batalhas internas pelo poder não sejam travadas nos clãs de Westeros, assim como dentro de empresas. Nesses casos, o poder tem um significado mais amplo do que propriamente o Trono de Ferro ou a cadeira de CEO. Nas organizações onde a estrutura, hierarquia e sucessão não estão bem claras, há disputas por orçamento, poder de decisão, destaque em decisões de diretoria e disputas de ego em geral.

Todo esse cenário se torna nocivo para os resultados. Perde-se o foco e a força no campo de batalha mais importante: o mercado. Em Game of Thrones, na Casa Baratheon, vimos uma importante batalha pelo direito à sucessão exemplificando isso. Afogados em uma disputa interna, perderam sua competitividade em relação aos demais aspirantes e nenhum dos irmãos do rei Robert conseguiu chegar ao trono.

Mas há aqui um ponto importante para reflexão. "Qualquer tolo com sorte pode nascer em meio ao poder, mas conquistá-lo para si dá trabalho", disse Lorde Varys. E, neste caso, o melhor exemplo é o Reinado de Tommen. Apesar de seus direitos à sucessão, colocá-lo no trono tão despreparado foi um erro que desencadeou vários ataques à coroa, terminando por dividir e enfraquecer os próprios Lannisters. O preparo do sucessor deve ser mais relevante do que seus direitos à herança. Nos negócios, às vezes vale mais planejar a contratação de um CEO no mercado do que insistir com alguém da família que não tenha o perfil e habilidades para o cargo.

Para enxergar os clientes na trama de Game of Thrones, precisamos ampliar nossa visão sobre o significado desta palavra. No mundo dos negócios, clientes são todos aqueles que têm potencial ou que mantêm relações comerciais com nossa empresa. Através desse conceito, em algum momento, até mesmo seus funcionários e parceiros podem ser vistos nessa posição. Assim como todos os exércitos, alianças e o povo em geral em Westeros.

Entendendo clientes como parceiros de negócios em uma relação *business to business* (B2B), a Casa Tyrell demonstra como os valores implícitos em seu lema "Crescendo Fortes" podem conquistar poder e muitos "clientes" aliados.

Os Lannisters mandam um recado aos concorrentes e conquistam aqueles que desejam "consumir" líderes de mercado, com seu forte lema (posicionamento) "ouça-me rugir".

Os Starks têm uma boa propaganda, comunicam ao mercado sua especialidade e atraem de modo magnético todos aqueles que precisam e buscam soluções para "O inverno que está chegando". É a melhor demonstração de *inbound marketing* de Game of Thrones. A clientela bate sempre à porta deles. Isso sem falar do oportunismo de ser a solução para a crise de mercado, ops, dos Sete Reinos.

Na gestão de relacionamento com clientes, a necessidade de pesquisar o mercado e ter sempre atenção aos concorrentes tem Daenerys como exemplo em sua relação com Varys. Assim como faz a esperta Sansa Stark com Mindinho. A mãe dos dragões sabe como conquistar seus clientes e ainda dá um *show* de fidelização. "Como dizer 'obrigado' em Dothraki" é a frase de Daenerys que demonstra como ela percebe que o que importa na comunicação com os clientes é entender a linguagem deles. É também ela que utiliza mais reuniões de audiência, para ouvir diretamente de seus clientes (liderados) o que precisam e quais problemas podem ter ocorrido em seu relacionamento. Sempre focada em solucionar contendas de modo prático e ético, demonstra que mesmo quando não consegue atender, ganha o respeito de seu súdito.

Todos os reis do Norte entendem que, para enfrentar a crise do inverno ou os Caminhantes Brancos (*White Walkers*), vão precisar de aliados. Parceiros que os auxiliem nas estratégias e que possam trazer a vitória em conjunto. Assim o fazem empresários que sobrevivem aos *tsunamis* econômicos e a todas as adversidades de mercado atual.

Há muitos tipos de parcerias nos Sete Reinos, assim como nos negócios. Você pode terceirizar serviços importantes que não são o seu *core business* principal, como as pesquisas e informações de mercado de Varys e Mindinho. Ou mesmo ter parceiros de negócios com objetivos comuns, alianças estratégicas com objetivos partilhados.

E temos ainda as fusões, como os casamentos entre famílias aliadas. Visam agregar empresas que fortaleçam o seu negócio, seja em tamanho, autoridade, finanças ou mesmo poder. Seja qual for o tipo de parceria nos negócios ou em GOT, dois pontos são importantes na escolha:

1º | Suas parcerias devem estar alinhadas com os valores de sua empresa. Seu posicionamento é um grande ativo tanto para sua liderança como para a conquista de cientes. A congruência de suas escolhas não pode ser abalada, sob pena de revoltas e perdas de aliados importantes. Assim como com Jon e sua parceria com os Selvagens, contrariando a Guarda.

2º | Não seja como Joffrey e não subestime ninguém. Saiba que as pessoas e os negócios estão em constante movimento. A verdade é que você não tem como saber o futuro de todos e quem poderá ser um dia uma grande aliança para seu sucesso. Por isso, trate sempre todos com honestidade, ética e respeito.

"A pessoa que passa a sentença deve balançar a espada". Essa frase de Ned Stark inicia o maior aprendizado sobre liderança da série. Um líder só consegue inspirar e engajar seus liderados se for congruente com seus valores. Deve se portar como um exemplo para inspirar comportamentos em sua equipe de forma tão natural como reflexos.

A família Stark é um celeiro de bons exemplos de liderança. Rob, quando rei do Norte, também demonstrou a importância de valorizar sua equipe e aliados. Seu respeito garantiu a adesão de muitas casas para suas ofensivas contra Joffrey Baratheon. A participação de aliados, conselheiros e liderados em cada estratégia dos líderes de Game of Thrones demonstra como tudo se trata de um jogo de equipe.

Khaleesi também é um grande exemplo disso. Sua peculiar estratégia para ganhar exércitos sem impor sua posição também é uma lição valiosa. Sua estratégia é fundada em respeito, e com ele ganha um bem maior e de valor incalculável: a fidelidade de seus liderados. Jon Snow demonstrou também ser alinhado com esse posicionamento. Certa vez, ao questionar Ramsey Bolton, disse: "Seus homens lutariam por você sabendo que você não lutaria por eles?". Certamente um questionamento valioso para ajudar líderes a repensarem seus posicionamentos.

O protagonismo dos líderes é um ponto bastante relevante. Assim como nos negócios, os reis estão sempre arcando com o ônus e o bônus de sua posição. Rob foi emboscado no casamento vermelho. Jon foi traído pela Patrulha da Noite. Antes dos fatos, ambos tomaram decisões que determinaram o curso desses eventos e sentiram o peso, às vezes desproporcional, das consequências disso.

O papel de Cersei é um grande exemplo de como liderança não é um cargo. Seja positivamente ou não, ela já conduzia King's Landing muito antes de sentar ao trono.

Quase todos os líderes dos Sete Reinos utilizam conselheiros e mentores para compensar suas fraquezas, auxiliar na tomada de decisão e planejamento de estratégias. Fica claro que a liderança não está em personificar todas as habilidades para a gestão de um exército, reino ou negócio. Um bom empresário deve reconhecer e compensar suas fraquezas entendendo que, mais importante que seu ego, ele deve reunir ajuda para a empresa não padecer à sua falta de habilidades e competências. Jon e Daenerys são grandes símbolos dessa capacidade de se cercar de grandes talentos.

Saber ouvir sua equipe e envolvê-la em tomadas de decisão é uma característica dos líderes mais aclamados e carismáticos de GOT: Daenerys, Jon. Sempre ouvindo os *feedbacks* de seus liderados e atentos às suas necessidades, criam neles um enorme senso de participação e responsabilidade. No mundo empresarial, eles dão uma boa demonstração de como desenvolver o engajamento da equipe e a "mentalidade de dono" sempre cobiçada por quem descreve as competências dos bons profissionais. Nas palavras de George R. R. Martin, "Um líder deve aprender que palavras conquistam coisas que muitas espadas não conseguem". A amorosa lealdade à mãe dos dragões de Verme Cinzento e Missandei é uma demonstração disso.

Há também os contrapontos e *anticases* de liderança, como Joffrey Baratheon, o detestável Ramsay Bolton e o inescrupuloso Walder Frey. Todos impõem seu comando sob medo e atraem a repulsa de seus liderados. São demonstrações sobre autoritarismo, e obtiveram como destino os resultados de ignorar o fator humano na gestão de pessoas.

Tommen Baratheon demonstra como é importante a presença de um lorde comandante, não importa o reino. Sua insegurança em gerir e falta de posicionamento diante dos desafios trouxeram o caos a King's Landing. Seu reinado nos faz refletir que, talvez, mais nocivo que uma liderança tóxica, seja a omissão de quem ocupa o cargo.

As batalhas de GOT são um *show* à parte sobre o papel inspirador e decisivo para mover a equipe para a ação. Sempre no meio de seus exércitos, com seus símbolos de empoderamento e garra, Daenerys, Jon, Rob, Jaime Lannister e até Tywin são líderes que não fogem do campo de ação na hora das grandes batalhas. Os exércitos vibram ao ouvir seus comandos, flamejar de bandeiras e sob os símbolos de poder como os voos dos dragões. São esses tipos de líderes que encorajam os homens que lutam com paixão por suas causas mesmo contra crises de mercado, gigantes ou Caminhantes Brancos.

Aprendendo com os líderes de Westeros, certamente você estará no caminho certo para cativar sua equipe e conquistar lealdade para os seus negócios.

Uma grande lição para o empresário brasileiro é que até em Westeros os reis (CEOs) que desejam obter maior impacto e crescimento em seus reinos (negócios) já sabem que precisam manter ao seu lado conselheiros e mentores.

Em todas as Casas dos Sete Reinos há sempre conselheiros e mentores próximos ao rei. O mesmo ocorre nas guerras onde os comandantes também cultivam o hábito de debater suas estratégias com pessoas de confiança e valores diferentes, que ajudam a ampliar seus conhecimentos e visão de cenário (mercado).

Em grandes companhias, essas figuras também são comuns. Calcula-se que 93%* das 100 maiores multinacionais dos Estados Unidos desenvolvem seus executivos e líderes através de mentoria e ferramentas de *coaching*. (*Fonte: *International Review of Industrial and Organizational Psychology*, 2010).

Mas em pequenas e médias empresas brasileiras essa cultura ainda está em desenvolvimento.

Vale a reflexão.

Thaizi Morani, docente e palestrante do Senac, mentora de negócios e autora de artigos sobre vendas

"Lannister, Baratheon, Stark, Tyrell... Todos eles são apenas raios de uma roda. Esse está em cima, depois aquele está em cima, e assim por diante ela gira, esmagando aqueles que estão no chão. Eu não vou parar a roda. Eu vou quebrar a roda"

Daenerys Targaryen - *Khaleesi*

Capítulo 1

STARTUPS
Quando o dragão desperta

mpreender. Montar uma *startup*. Usar o novo negócio quase como uma ferramenta de realização pessoal. Mas, afinal, o que tudo isso significa? A evolução tecnológica em meados dos anos 1990 trouxe tantas possibilidades que criar um novo negócio tornou-se símbolo de crescimento. No entanto, dados publicados em 2017 pela *Folha de S. Paulo* junto às aceleradoras ACE, 21212 e Wayra – especializadas em investir e ajudar negócios iniciantes – mostraram que, a cada dez *startups* brasileiras, seis fracassaram.

O estudo aponta que os principais motivos desse fracasso envolvem incertezas de mercado logo que o projeto é lançado e, mais do que isso, a briga entre sócios é o que mais ocasiona o fechamento de portas de novos empreendimentos. Praticamente uma guerra dos tronos em um momento de alta competitividade e onde qualificação e informação significam poder.

Entre Khaleesis, Cerseis e Jons – personagens de destaque na série Game of Thrones –, criar um novo produto ou serviço se torna, cada vez mais, um exercício intenso de estratégia, confiança e muita paciência – com o mercado e, especialmente, com as pessoas.

Já parou para pensar como atuaria Khaleesi – conhecida na série também como Daenerys, mãe de dragões e a última herdeira da Casa Targaryen, uma das concorrentes ao Trono de Ferro –, em pleno século 21 à frente de uma *startup*? De fato, competir com ela não seria nada fácil. Segura e sem medo de arriscar, a moça certamente traria grandes oportunidades também para outras pessoas.

Um estudo do Serviço Brasileiro de Apoio às Micro e Pequenas Empresas (Sebrae) em junho de 2017 mostra que, nos últimos três meses consecutivos que antecedem a pesquisa, os pequenos negócios foram os que mais geraram emprego no País. Surgiram 35.800 novos postos de trabalho, enquanto que médias e grandes empresas perderam 26.700 vagas.

Obviamente, não se faz todo o sucesso apenas com duas mãos. A mãe dos dragões começou formando uma equipe de pessoas que vão além de funcionários ou executores. Seu time é completo por verdadeiros fãs – seguidores que dariam a vida pelas causas que ela defende. Mas o que isso tem a ver com trabalho? A resposta também pode vir do *rock*.

Bruce Dickinson, vocalista do Iron Maiden, é um exemplo de um dos mais completos empreendedores contemporâneos que se tem conhecimento. Ele conseguiu transformar o sonho das guitarras elétricas em um negócio com avião particular e foto da banda estampada. Isso apenas para exemplificar visualmente a dimensão do que foi construído desde que a banda surgiu, em 1975. Há anos, ele se mantém como um dos líderes do segmento.

Além de cantor, radialista e escritor, Dickinson trabalhou como – pasme – piloto comercial da Astraeus Airlines e, após o fechamento da empresa, abriu

---

CONCEITO

Uma **Startup** trata-se de uma empresa nova ou embrionária, que possui projetos promissores e/ou inovadores, mas são, sobretudo, escaláveis, gerando rapidamente lucratividade e crescimento. Ou seja, precisam atender a um número maior de pessoas ou produzir um alto volume de produtos. A *Startup* se diferencia de uma pequena empresa tradicional justamente por esta condição: será pequena somente no início.

seu próprio negócio de manutenção das aeronaves e treinamento para aviadores. Mas não terminou por aí! Empreendedor nato, ainda ganhou um programa na BBC Radio Music, virou roteirista de televisão e cinema, criou uma marca de cerveja e até competiu em esgrima, chegando a recusar uma entrada para as Olimpíadas de 1988. Se versatilidade é seu nome, *marketing* é o sobrenome.

Foi o próprio artista que disse, durante uma palestra no Ciab FEBRABAN de 2015, que é preciso transformar clientes e parceiros em fãs – pessoas que estarão firmes e fortes pela marca, aconteça o que acontecer. Foi com a Apple que ele iniciou a lista de exemplos de organizações que conseguiram inserir esse tipo de relação em sua rotina.

> *"As ideias estão voando em torno de você e esperando que a luz do quarto se apague para que possam te atacar, como pernilongos"*
>
> **Bruce Dickinson**, empresário e vocalista do Iron Maiden

Mas o sucesso de Khaleesi não vem apenas de um bom organograma hierárquico. Nem sempre a bela moça que anda para cima e para baixo com seu exército e três dragões foi "Daenerys Targaryen, Filha da Tormenta, a Não Queimada, Mãe de Dragões, Rainha de Meereen, Rainha dos Ândalos e dos Primeiros Homens, Senhora dos Sete Reinos, Khaleesi dos Dothraki, a Primeira de Seu Nome".

Quando atendia apenas por Daenerys Targaryen e foi vendida pelo próprio irmão para uma tribo Dothraki, onde passou a ser esposa de Khal Drogo – um rico e poderoso chefe da tribo –, iniciou uma caminhada que mudaria completamente seu poder pessoal e sua estratégia de vida.

Fosse pelo medo ou pela sobrevivência, foi ali que ela percebeu que precisava estudar melhor seus inimigos e aliados para poder seguir em frente. Seu empoderamento foi sendo conquistado aos poucos, até que ela pudesse ter controle das pessoas à sua volta e de si mesma – não exatamente nessa ordem, mas o suficiente para dar início ao seu projeto de libertação e retorno ao Trono de Ferro. Sem um navio sequer, Khaleesi mudou de escrava para uma das líderes mais fortes de Game of Thrones. Agora ela é a mosca na sopa de Cersei, filha mais velha de Lorde Tywin Lannister, que se tornou rainha ao se casar com o rei Robert Baratheon, o Senhor da Casa *Baratheon*, coroado Rei dos Sete Reinos.

"Há séculos que os norte-americanos têm grande orgulho da sua autossuficiência. Este é um dos valores fundamentais que têm feito este país prosperar. Mas a tecnologia do século 20 tem feito com que a autossuficiência seja cada vez mais difícil de se obter. Nesta era de especialização, é extremamente fácil encontrar um especialista que nos faça o serviço. Consequentemente, tornamo-nos cada vez menos capazes de tomar conta de nós mesmos"

O trecho faz parte do "Manual de Sobrevivência", um livro que reúne informações do Exército, Marinha, Força Aérea e Marines norte-americanos sobre como sobreviver nas mais diversas situações. Ao longo da publicação, é possível observar a importância que existe em conhecer bem o terreno e saber realizar as funções que dão a si o básico para continuar de pé – comer, dormir, cobrir-se do frio ou do sol extremos, entre outros. O mesmo serve para o mercado. Quando você começa um negócio, precisa saber muito bem onde está pisando e ter em mãos a matéria-prima para executar as tarefas primordiais para que aquilo aconteça, cresça e se transforme em sustento estável. Trabalhar às cegas pode levar seu projeto a ser um daqueles que não dão certo.

Uma vez que se conhece o terreno, a demanda e as pessoas que constituem as mais diversas áreas do trabalho – de fornecedores a clientes –, chegou a hora de se organizar para dar o pontapé inicial. Primeiro, a autocrítica. Coloque-se na posição de possível consumidor e entenda se aquilo que oferece vai realmente solucionar as questões do público em potencial. Mais do que isso: que valor eu agrego com o meu produto ou serviço? Não adianta lançar nada para ser apenas mais um no mundo. É preciso entender exatamente a demanda e a oferta.

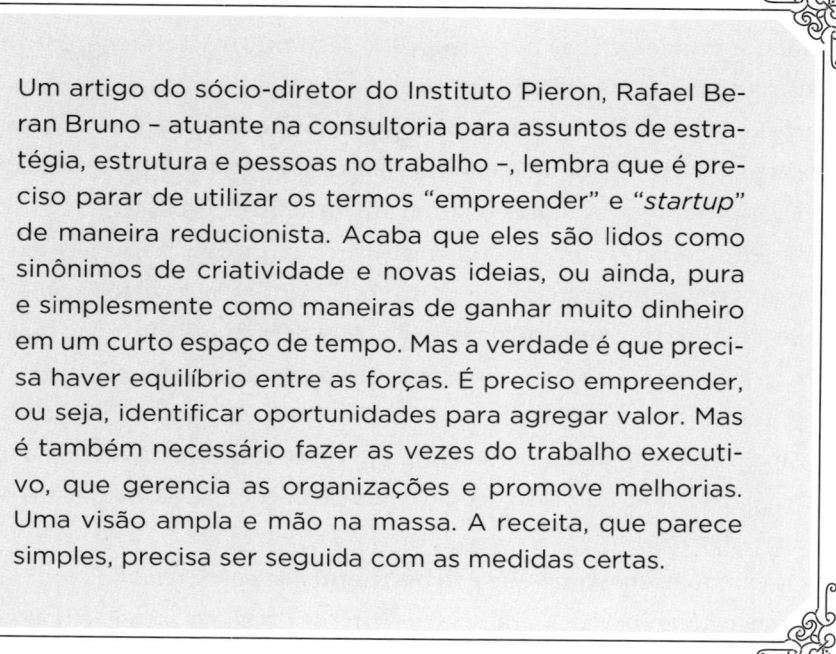

Um artigo do sócio-diretor do Instituto Pieron, Rafael Beran Bruno – atuante na consultoria para assuntos de estratégia, estrutura e pessoas no trabalho –, lembra que é preciso parar de utilizar os termos "empreender" e *"startup"* de maneira reducionista. Acaba que eles são lidos como sinônimos de criatividade e novas ideias, ou ainda, pura e simplesmente como maneiras de ganhar muito dinheiro em um curto espaço de tempo. Mas a verdade é que precisa haver equilíbrio entre as forças. É preciso empreender, ou seja, identificar oportunidades para agregar valor. Mas é também necessário fazer as vezes do trabalho executivo, que gerencia as organizações e promove melhorias. Uma visão ampla e mão na massa. A receita, que parece simples, precisa ser seguida com as medidas certas.

Desapegue-se! Muitas vezes, em um mercado agressivo como o atual, é preciso lançar-se no meio das chamas e dar vida a seus dragões. E você não consegue fazer isso com as mesmas roupas e conceitos de sempre. Olhe para si e para o seu serviço. Entenda o que realmente funciona e o que precisa ser alterado. Mude o que for necessário para que o resultado final possa ser o melhor possível.

A própria Apple, citada anteriormente, é um bom exemplo nesse quesito. Sua primeira placa feita por dois garotos *hippies* da faculdade vinha dentro de uma caixa de madeira e teve pequena adesão. Logo, Steve Jobs e Steve Wozniak perceberam a importância do *design* e adaptaram o produto com um gabinete de plástico e teclado incorporado. O sucesso do Apple II, em 1977, foi tanto que durou até o início dos anos 1990.

Entendendo bem o que o mercado buscava naquele momento e humanizando as interfaces, Jobs criou sua própria versão da ideia da Xerox e, em 1983, Lisa era o computador dos sonhos e sua nova aposta. Vendas ruins fizeram jus à máxima: se a vida te dá limões, faça limonadas! A experiência do projeto acabou servindo de base para o produto seguinte, o Macintosh, e foi aí que a história ganhou vida própria.

Já no mercado da música, por exemplo, muito se fala sobre o *download* de faixas pelo Napster ter ajudado a acabar com as gravadoras, quando, na verdade, as próprias gravadoras criaram um formato de produto – o CD – que era facilmente copiado e pirateado, além de ser caro e exigir que as pessoas trocassem seus tradicionais aparelhos de disco, as vitrolas, por outros novos e de alto custo. No fim das contas, o Napster de 1999 perdeu perante a lei, mas abriu a cabeça para uma série de plataformas que veio a seguir e para a forma como se distribui música em 2017.

Em 2014, a empresa acabou voltando como ferramenta de reprodução de som em *streaming* que, assim como os concorrentes, paga aos artistas por cada audição de faixa.

Os exemplos mostram que não basta entender o mercado. E, muitas vezes, ele nem está preparado para ver seus ovos de dragão trazendo à luz seres mágicos gigantes que saem cuspindo fogo. Mas isso não significa desistir. Pelo

---

ENTENDA MELHOR

Para aprender o que o mercado e seus consumidores precisam, o recomendado na fase inicial da sua empresa, especialmente, é utilizar sistemas de mensuração que quantificam uma tendência, um comportamento, entre outras variáveis do negócio. Para isso, as **métricas** são uns dos sistemas mais recomendados. Elas são um conjunto de parâmetros que mensuram a performance da sua empresa, desde uma campanha de publicidade até a eficiência de um sistema logístico ou financeiro, entre outras etapas do ciclo produtivo. Por meio desses sistemas de medição disponibilizados em diversos *softwares*, é possível quantificar o valor dos produtos, dos clientes, dos canais de distribuição e ajudar a empresa a manter o foco produtivo e nos mercados.

contrário! É preciso colocar-se como consumidor e saber quais são as brechas que existem ali. Onde meu produto faz sentido e onde ele acaba se tornando apenas algo a mais que não será bem aproveitado? Prepare o mapa, preveja os obstáculos e adapte-se. E nunca deixe seus dragões presos em uma caverna. Eles precisam voar e só você mesmo pode permitir que isso aconteça. Mas, antes, aprenda onde e como eles podem fazer isso, domine-os para voar com eles e não perca o controle.

    A palavra de ordem é resiliência. Faça as alterações necessárias para otimizar suas entregas. A qualidade delas está principalmente conectada com assertividade e, para isso, é preciso jogo de cintura em um mundo que não é estático e gera novas necessidades a todo momento. Viver em meio à tecnologia não é muito diferente que viver em um jogo para governar os Sete Reinos, porém com um agravante: a velocidade. As informações mudam a cada segundo e é preciso estar inteiramente alinhado com aquelas que forem importantes ao seu novo negócio. Não dá para ficar esperando que um passarinho conte segredos ou um corvo chegue com um bilhete.

    Chatbots, assistentes virtuais, inteligência artificial, *blockchain*. Falar de todas essas inovações é comentar sobre algo que já está acontecendo e, ao mesmo tempo, com uma velocidade maior do que a necessária para entendê-las. Os *blockchains*, por exemplo, são a grande aposta do mercado. Segundo o Fórum Econômico Mundial, aproximadamente 10% do PIB Global passará por sistemas baseados na ferramenta em 2027, já que ela trabalha com *bitcoins* (a moeda virtual) e é praticamente inviolável. Os avanços estão acontecendo neste exato segundo. Então, seja amigo deles, domine-os e use-os a seu favor.

    Quem assistiu ao Watson no programa do Fantástico (Rede Globo), em 2011, nem imaginaria que a mesma tecnologia teria, em 2017, uma versão brasileira, chamada Isabela, e estaria sendo usada para fins como guia turístico na Pinacoteca, em São Paulo, brinquedos infantis e muito mais.

    O robô foi o primeiro filho da IBM. Ele é um conjunto de microsserviços que consegue interpretar dados não estruturados e, com isso, dar respostas precisas aos seres humanos. Resumindo, ele entende, raciocina, aprende e interage. Esse tipo de tecnologia e rápida transformação das possibilidades faz pensar também que não é muito fácil ter *expertise* sobre todos os assuntos que estão acerca de seu novo empreendimento.

E já que nem sempre você vai ter todas as habilidades que seu negócio exige, saiba com quem contar, como, quando e onde. Crie uma equipe talentosa e de confiança. Comece pela "mão do rei", afinal, é preciso ter um braço direito em quem se possa confiar cem por cento. Jorah Mormont – cavaleiro exilado que fugiu de Westeros e acabou servindo aos Targaryen – ajudou Khaleesi desde o começo e foi o primeiro a acreditar nela. Fato é que ele não esteve a salvo de uma traição e acabou sendo mandado embora como penalidade. Mas a quebradora de correntes já articulava com outros fiéis companheiros para continuar sua trajetória.

Uma pitada de intuição, observação e muita desconfiança a fez trazer para si aliados importantes e conhecedores de terras, línguas e culturas com as quais ela não poderia lidar sozinha. Se Tyrion Lannister – o terceiro filho de Tywin Lannister é um anão que, pela falta de habilidade com as armas, acaba desenvolvendo muito os estudos – é bom de estratégia e conhece melhor que todo o time as terras do Trono de Ferro, além das maneiras de atacar da própria família, tornando-se essencial para os rumos das próximas ações, Lorde Varys – que foi membro do conselho real, mestre dos segredos e durante muito tempo espião do Trono de Ferro – ajuda Khaleesi e Tyrion a formular melhor as estratégias e táticas; e o Verme Cinzento – ex-escravo libertado por Khaleesi – possui a força e o foco para desbravar os caminhos, enquanto Missandei –

CONCEITO

Bitcoins são moedas virtuais. Eles estão inseridos em uma tecnologia digital que facilita pagamentos eletrônicos de modo mais eficiente que boletos, por exemplo. Além disso, são mais baratos e permitem transações de qualquer lugar do mundo.

servente de Daenerys e ex-escrava – é detentora de uma das armas mais importantes em qualquer mercado: a comunicação.

Já parou para pensar sobre como a humanidade teria construído cidades inteiras e sistemas de água e agricultura para subsistência sem a comunicação? A linguagem e a matemática estão diretamente ligadas ao desenvolvimento do planeta e, portanto, merecem toda a atenção. Uma das línguas mais antigas do mundo, o Sânscrito, apesar de dada como língua morta, ainda traz ensaios importantes acerca de cada uma de suas palavras. Uma das mais reflexivas delas, *Viveka*, fala sobre discernimento e ver as coisas exatamente como são. Clarificar ideias, entender as pessoas e enxergar o mundo com luz suficiente para ver o que está acontecendo e menos do que a dose necessária para cegar um olho. Esses são conselhos essenciais a quem quer iniciar um projeto. Pareceu profundo? Mas é! Lembre-se do tempo diário que você leva se dedicando somente ao trabalho. Não será menor quando a empresa for totalmente sua. Pelo contrário, principalmente o início vai exigir que você esteja muito mais empenhado a mostrar resultados ao seu novo chefe: você mesmo.

> *"Cada machucado é uma lição.*
> *E cada lição nos torna melhores em algo"*
>
> **George R. R. Martin**, *roteirista e escritor de ficção*
> *científica e da série de livros Game of Thrones*

Outro ponto importante quando se está começando um novo negócio é lembrar que o mercado já oferece uma gama extensa de opções. Qual o seu diferencial? Estar à frente do próprio tempo é obviamente um desafio, por isso a base de conhecimento e informação é tão importante para entrar de cabeça em qualquer causa. Não precisa acreditar em tarô para entender o aconselhamento da carta O Enforcado.

No baralho de Marselha, que está entre os mais antigos do mundo, é ele que mostra a necessidade de enxergar as coisas por outro ângulo. Uma vez que você está de ponta-cabeça, preso pelo pé, pare de tentar se soltar. Apenas analise em volta, observe as coisas sob outros aspectos, entenda o cenário de maneira ampla e deixe que a corda vá afrouxando sozinha até que você esteja totalmente solto.

Foi exatamente isso que a rainha Targaryen fez. Após ser vendida, escravizada e abusada, enxergou na dominação a sua oportunidade de fazer diferente. Em um ambiente onde os baús de ouro eram presentes, ela trouxe a libertação das algemas como prioridade. O dinheiro passa a não ter valor a seus seguidores, uma vez que eles devem a própria vida a ela.

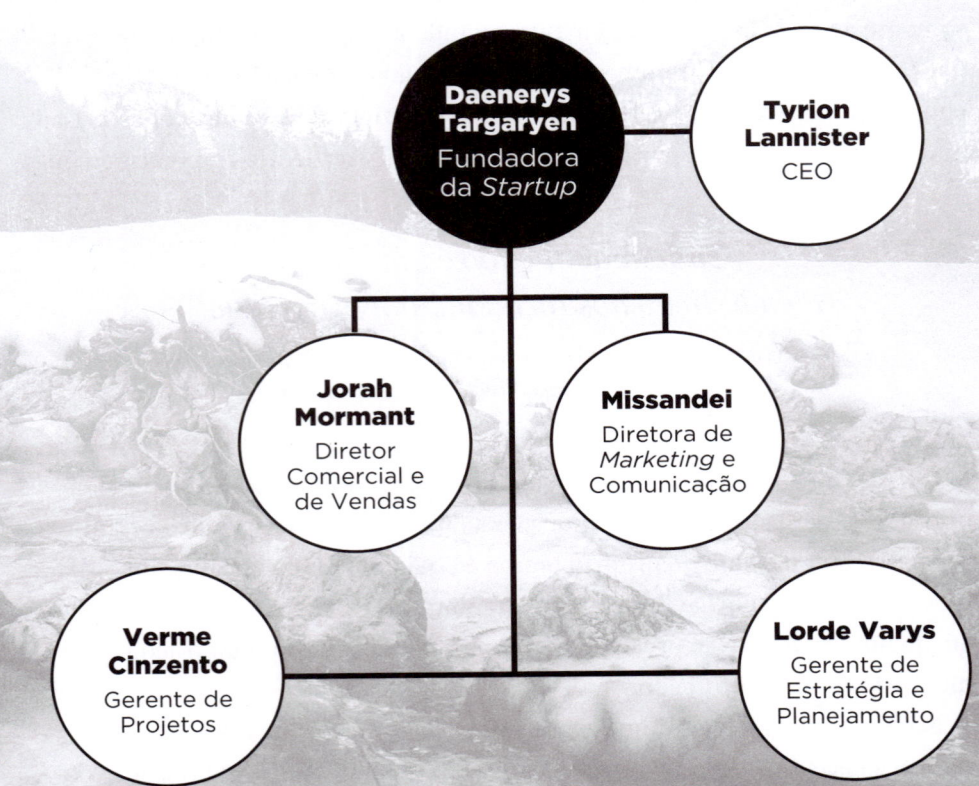

Entenda as necessidades do mundo. Seja empático para saber como pode colaborar. Neste século, as grandes empresas começam a competir com pequenos empreendedores que oferecem melhores experiências e menor superficialidade.

Apesar de crescer a importância dos dados e números, eles são cada vez mais humanos. Empresas e agências ficam mais e mais focadas em interpretar os *insights* que o *Big Data* traz. Porque um número sozinho já não oferece mais resultados objetivos e reais. As organizações começam a entender que as pessoas mudam de opinião, de cabelo, de roupa, de sentimentos. E elas estão cada vez mais em busca de marcas que estejam alinhadas àquilo em que elas acreditam. Menos *status*, mais experiências.

Dentro desse novo contexto, como você pode ser útil e monetizar seu serviço ao mesmo tempo? Vá além do mercado. Dê o que gostaria de ganhar. É isso que Khaleesi faz. Ela oferece ao povo a mesma liberdade que precisou conquistar sozinha, logo no começo da sua história.

A rainha Targaryen também pode ser uma boa representante dos números no Brasil. A pesquisa GEM - Global Entrepreneurship Monitor 2016 aponta que a taxa de empreendedorismo inicial é maior entre mulheres, como forma de complementar a renda dentro de casa. Aquelas que possuem negócios com até três anos e meio de existência somam 15,4% dos novos empreendedores, enquanto os homens são 12,6%. Importante dizer que a base analisada, ou seja, o número de pessoas que estão começando suas empresas no País representa 14% dos negócios tupiniquins. E se você somar todas as pessoas adultas (entre 18 e 64 anos), terá um valor de 36% dessa população trabalhando no seu próprio negócio, seja novo, seja antigo.

As áreas de atuação variam bastante, mas é na colaboração que os brasileiros estão se encontrando mais, tornando o País líder do segmento em toda a América Latina. Apesar de não planejada, essa atitude é bastante inteligente, dado que a cultura colaborativa não é apenas o futuro socioeconômico próximo, como tende a chegar para competir com as atividades tradicionais, conforme aponta o estudo da IE Business School em colaboração com o Banco Interamericano de Desenvolvimento.

O que todos esses números significam? Que existe uma brecha importante no mercado para quem quer empreender, mas que é preciso saber exatamente como atuar e ser de fato útil ao consumidor final. Veja o caso do Airbnb, que surgiu como maneira de baratear custos de hospedagem e gerar renda extra para donos de imóveis residenciais e, em 2012, já valia 1 bilhão de dólares.

A Amazon – especializada em comércio *on-line* – é um dos exemplos de empreendedorismo visionário e que deu muito certo. A bolha da *internet* só estourou entre 1996 e 2001, mas em 1994 e no auge de seus 30 anos, Jeff Brezos percebeu o potencial da rede, largou seu emprego seguro em Wall Street e foi atrás do capital de risco para fundar a empresa que fez dele, em 2017, uma das pessoas mais ricas do mundo. Seu patrimônio na época ultrapassou os 90 bilhões de dólares, ganhando até de Bill Gates e da gigante Microsoft.

A receita do sucesso? Foco! Diz a lenda que uma empresa leva até cinco anos para começar a dar lucro. E o começo sempre tem muito... de pouco! Poucos recursos, poucos clientes, pouca credibilidade no mercado. É exatamente nessa hora que o mais importante é focar o produto, a dinâmica de entrega e a qualidade do que se oferece.

NA PRÁTICA

A **Netflix** é um exemplo que utiliza o *Big Data* para conhecer melhor o seu consumidor. Através da ferramenta, a empresa tem acesso a uma variedade de dados para estudar e compreender melhor onde o seu negócio está inserido e quais os interesses do seu público-alvo. Ela analisa cada clique, pausa e tempo que um internauta assiste a uma série ou filme, entre vários outros dados. Com isso, ela sabe exatamente o que eles querem. Séries como House of Cards e Stranger Things foram pensadas exatamente pelo perfil de público que mais assina a provedora e pelo que mais eles procuram.

Atirar para todos os lados por medo de não dar certo substitui qualidade por quantidade e tira créditos do serviço. Quem vai à padaria pela manhã quer comprar pão. Se você oferecer um carro ou uma casa dentro da padaria, não vai ter sucesso em nenhum dos negócios.

Até aqui, Khaleesi seria campeã de uma *startup*. Ela tem foco, experiência, uma equipe fidelizada, um produto revolucionário e dragões, claro! Mas tem um aspecto em que Jon Snow – bastardo da família Stark que, no desenrolar da série, acaba liderando a Patrulha da Noite e depois se torna rei do Norte – ganharia. Apesar de tratar bem seus subordinados, a filha do rei Louco perde para o filho dos Lobos no quesito valorização de pessoas. A disputa é acirrada, mas o bastardo – que não é tão bastardo assim – conseguiu tanta lealdade a ponto de seus amigos cuidarem do corpo traído e morto pelos colegas da Patrulha da Noite e praticarem a ressuscitação! Mais forte que casamento, já que nem a morte os separa, a fidelidade de quem está perto de Snow tem motivos de existir.

"Nunca estive tão vivo quanto quando lutava pelo trono. E nunca me senti tão morto como desde que sentei nele"

Robert Baratheon, o Senhor da Casa Baratheon

Samwell Tarly – irmão juramentado da Patrulha da Noite – é o melhor exemplo dessa cumplicidade e valorização do outro. Com um porte físico que trazia dificuldades para lutar pela Muralha e nenhuma habilidade com a espada, Sam precisou da defesa de Jon algumas vezes logo que entrou pelos portões gelados que protegem o Norte. A amizade entre eles, no entanto, foi essencial para que ambas as vidas fossem salvas e, aos poucos, o amigo de coração mole e que não sabe lutar desenvolveu grandes habilidades como mestre e fez dos livros a sua arma. Em determinado momento, pôde acreditar em si o suficiente para salvar uma selvagem com o filho recém-nascido, transcender as regras mais antigas do lugar e, de quebra, matar um White Walker – Caminhante Branco – com seu pedaço de vidro vindo da Pedra do Dragão.

Esse não foi o único acerto do filho torto da família Stark. Jon também conseguiu a confiança dos Selvagens para uma negociação que salvou muitas vidas. Fez isso enfrentando as leis internas e, mesmo assim, saiu vitorioso e desenvolveu junto a seus seguidores fidelidade e talentos. Khaleesi também é boa estrategista, mas convenhamos que ela acabou cometendo alguns erros logo que chegou para dominar Meereen. Não é o medo e o terror que vão trazer pessoas fidelizadas à sua causa, mas sim empatia e valorização humana.

Quando um novo empreendimento começa a funcionar e ainda não é possível bonificar os parceiros financeiramente, o incentivo se torna essencial de outras maneiras, como um ambiente de trabalho tranquilo, a oportunidade de contribuir com ideias, exaltação das qualidades e infinitas opções que mostrem para quem está no projeto que cada pessoa é uma peça de extrema importância para que as engrenagens continuem girando e gerando resultados.

Nos tempos modernos, o Google é a galinha dos ovos de ouro para quem quer se sentir bem no ambiente de trabalho. Os escritórios contam com áreas de lazer e espaços lúdicos que dão a sensação de relaxamento e segurança.

Pessoas formam empresas. Empresas geram gastos e lucros. Portanto, vem daí a próxima lição. Não adianta fazer tudo sem planejamento e depois bater à porta do Banco de Ferro de Bravos para pedir dinheiro. Controle seu fluxo de caixa com rigidez e não misture as contas pessoais com as contas da empresa. Pode parecer óbvio, mas, no começo, é bastante comum que os números sofram um tipo de simbiose, e isso pode gerar perdas para um lado ou para o outro.

Empresa montada, equipe bem alinhada, planilhas do Excel controlando o que entra e o que sai. O que está faltando? Claro, o cliente. Vender o produto, entregar o serviço. Para que isso aconteça, é preciso que as pessoas saibam que sua marca existe e está disponível. Por isso, invista no *marketing*.

Entender sua missão, seus valores e trabalhar com uma divulgação que saiba explorar bem tudo isso nas ferramentas que estão à disposição é essencial. Essas ferramentas incluem imprensa, redes sociais, mídia paga, intervenções em ambientes onde o seu produto ou serviço faz sentido e muito mais. São infinitas opções e, por isso, existe a necessidade de entender onde está pisando e planejar bem o tiro, para não errar a mira.

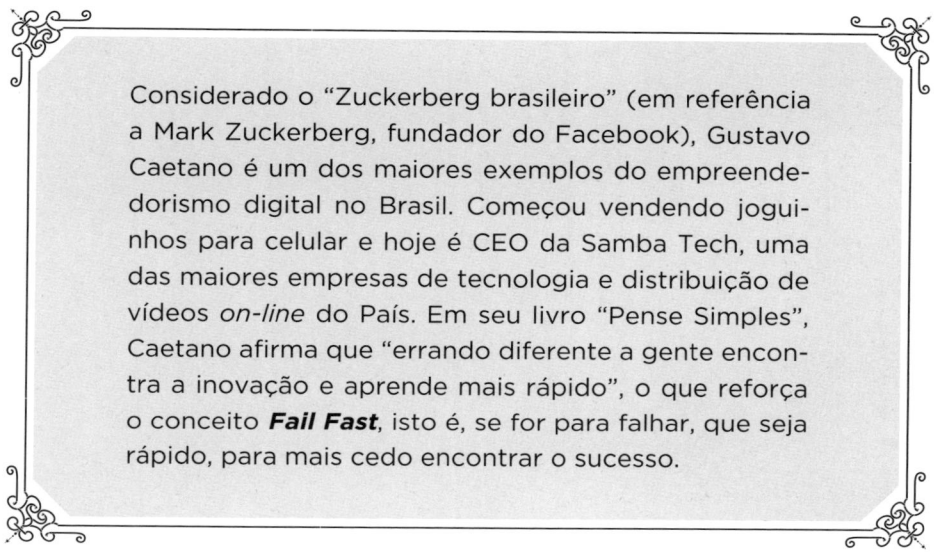

Considerado o "Zuckerberg brasileiro" (em referência a Mark Zuckerberg, fundador do Facebook), Gustavo Caetano é um dos maiores exemplos do empreendedorismo digital no Brasil. Começou vendendo joguinhos para celular e hoje é CEO da Samba Tech, uma das maiores empresas de tecnologia e distribuição de vídeos *on-line* do País. Em seu livro "Pense Simples", Caetano afirma que "errando diferente a gente encontra a inovação e aprende mais rápido", o que reforça o conceito **Fail Fast**, isto é, se for para falhar, que seja rápido, para mais cedo encontrar o sucesso.

Neste ponto do trabalho, outro tópico de atenção. Não tente conversar com os pobres se sua essência for de rei Joffrey – filho mais velho e herdeiro do rei Robert I e da rainha Cersei Lannister, que governou de maneira sádica o Trono de Ferro. A sua divulgação precisa espelhar exatamente o que sua marca é e defende. Se você não estiver convencido do que vende, dificilmente irá convencer outra pessoa. O rei de muitas faces não cabe aqui. É preciso ser marcante. Não usar máscaras e fazer o papel da Arya – filha da família Stark e aprendiz da guilda dos Homens Sem Rosto – na hora de bater no peito e dizer quem é, o que defende, o que faz e onde está. Estando bem alinhado internamente, uma boa divulgação será a força que você precisa para entrar como um furacão no mercado.

Exército montado, navios comprados, política de atuação bem definida. Agora é só colocar a mão na massa e partir para tomar Westeros. Seja bem-vindo à guerra dos tronos.

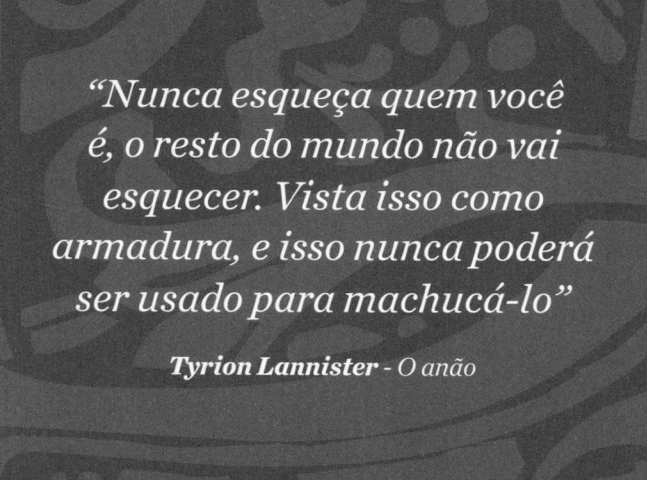

"Nunca esqueça quem você é, o resto do mundo não vai esquecer. Vista isso como armadura, e isso nunca poderá ser usado para machucá-lo"

Tyrion Lannister - O anão

Capítulo 2

PLANEJAMENTO
Qual o caminho de Westeros?

Pronto! O mapa de Westeros está nas suas mãos. Você já convenceu todo o povo Dothraki a cruzar o oceano, deu vida a seus dragões, conseguiu sua Mão do Rei importada direto do Trono de Ferro, tem conhecimento de causa, um exército e fortes aliados. Mas e agora? Por onde começar? Depois de armar todo o cenário, um bom planejamento com metas claras e logística na ponta do lápis é o que vai levar você ao reinado.

Contudo, quando o assunto é armar um plano, é preciso sair da terra mágica dos Targaryens e recorrer aos que mais entendem do assunto. Como é o caso de Olenna Tyrell – viúva do Lorde Luthor, da Casa Tyrell, e conhecida como "Rainha dos Espinhos", por conta da língua afiada. Não é um dos personagens mais marcantes na guerra dos tronos, mas uma coisa é certa: ela tem conhecimento profundo sobre planejamento. Saiu tranquilamente do Jardim de Cima – castelo sede da Casa Tyrell – e conseguiu colocar os dois netos em reinado. Não contente, seguiu para o Trono de Ferro com a família após a morte do rei Renly – irmão mais novo do rei Robert Baratheon – pela sombra gerada por Melisandre – uma mulher mística e sacerdotisa do Senhor da Luz, ou Deus da Chama e da Sombra.

Olenna teria alcançado voos mais altos se não tivesse batido de frente com a rainha dos detalhes, Cersei Lannister. Apesar do coração duro, se tem uma coisa que a viúva do rei Robert entende é a máxima popular de que "o diabo mora nos detalhes".

Por isso, saber o que quer e esmiuçar seus passos antes de iniciar a caminhada é primordial para que seu negócio dê certo.

Antes de qualquer coisa, responda a uma pergunta: aonde você quer chegar? Veja que ela é simples e objetiva. Da mesma maneira deve ser a resposta. Imagine que você vai fazer uma viagem de férias e não escolheu o destino. Fica difícil saber quanto vai gastar, o que precisa levar na mala e a maneira de chegar sem essa resposta especificada, não é mesmo? Não é diferente no mundo dos negócios. Se o seu objetivo é o Trono de Ferro, coloque isso como plano final e trace a logística a partir daí.

Observe também que o planejamento começou do fim. Isso porque ele só existe quando se tem muito claro o ponto onde está e o ponto final. É possível encontrar inclusive uma ferramenta para ajudá-lo nesse sentido. Ela se chama "Definição de Metas para Pequenas e Médias Empresas" e auxilia não como uma disciplina militar, mas sim com o processo de adquirir firmeza na operação. O primeiro passo é aprender a diferença entre objetivo, indicador e meta, como mostra a tabela do Sebrae na página seguinte.

Ter metas é importante e ser assertivo também. Atirar para todos os lados não é muito sábio. Além de não ter objetividade e, dessa forma, dificultar a logística, tira o foco do condutor – no caso, você.

Para conquistar o Trono de Ferro, por exemplo, você vai precisar, antes, tomar os castelos Winterfell e Casterly Rock. Em suma, você sabe para onde está indo e as exatas tarefas que precisam ser realizadas no meio do caminho. É importante ter muito claro o que cada uma dessas etapas significa dentro do planejamento, e não simplesmente sair definindo lugares aonde se quer chegar sem que haja uma lógica explícita dentro do todo. O movimento é sempre olhar primeiro para o macro e entender como cada parte atua dentro dele.

Atente também para a maneira de definir sua meta, com base em cinco pontos principais. Primeiro, a **especificidade** dela. Objetivamente, a meta é conquistar Porto Real, certo? Certo. Avalie agora se é **mensurável**. Nesse exemplo, pode-se dizer que é preciso tomar dois castelos e um reinado. Em seguida, pense: é **alcançável por pessoas** dentro do ano fiscal? No caso, as três medidas devem ser tomadas durante um inverno longo, o que é possível.

A quarta questão é se essa meta é **relevante para a organização**, conduzindo a um fluxo de caixa lucrativo. Na guerra dos tronos, sem sombra de dúvidas! Com todos os tópicos fazendo sentido, basta pensar o **prazo máximo** para que tudo ocorra. O inverno pode durar anos, mas vamos considerar que este plano deve se realizar em dez anos da estação.

Diferença entre objetivo, indicador e meta

	Definição	Exemplos
Objetivo	É (ou são) o(s) grande(s) anseio(s) do empreendedor para a sua empresa	Aumentar vendas; Reduzir custos; Ganhar participação de mercado.
Indicador	É a métrica sobre como o objetivo vai ser mensurado. É preciso ter uma métrica definida, que possa ser calculada de forma clara por todos os envolvidos.	Vendas brutas? Vendas líquidas de um determinado produto?; Custos das mercadorias vendidas? Custos diretos? Todos os custos?; Participação em faturamento, em unidades vendidas?
Meta	É o valor a ser atingido pelo indicador ao final de um período.	Aumento de 10% no próximo ano fiscal; Redução de 15% sobre o mesmo mês do ano anterior; Aumento de 7% no final do ano para assumir a liderança do mercado.

Fonte: Serviço Brasileiro de Apoio às Micro e Pequenas Empresas (Sebrae)

Após as metas validadas dentro dos cinco tópicos, é vida que segue. Basta transformá-las em iniciativas e você está pronto para começar sua logística. Prepare-se para o longo inverno como um verdadeiro Stark. Saiba suas limitações e desenvolva seus potenciais como Tyrion Lannister.

Como eu sei aonde quero chegar? As metas também têm relação com seus valores e os da sua empresa. Em 2016, uma pesquisa realizada pela consultoria Deloitte e publicada pela *Folha de S.Paulo* mostrou que os executivos da geração Y pesavam suas tomadas de decisão principalmente pelo conjunto de valores pessoais. De 4.300 *millenials* entrevistados de 29 países diferentes, mais de 60% já haviam deixado de realizar uma tarefa que ia contra os seus princípios.

Claro que o conceito de geração Y pode ser questionável – considerada uma leva de pessoas que tiveram suas construções pessoais relacionadas à *internet*, a geração Y traz discordância entre teóricos, que a definem vindas de épocas diferentes e, portanto, contextos diferentes também. O escritor mundial especializado em estratégia corporativa e transformação organizacional Don Tapscott fala em nascidos após 1980, enquanto outros estudiosos consideram aqueles entre os anos 1970 e 1990. De qualquer maneira, os dados da pesquisa são relevantes quando mostram que a clareza dos valores pessoais guia as ações e as escolhas, além de afetar os relacionamentos dentro da equipe e até a maneira de liderar um grupo. Afinal, você é do time que quebra correntes ou que mantém a ordem a qualquer custo, incluindo mentiras e opressão?

Assim como a definição de metas, o Sebrae também aponta uma técnica para deixar bem claro como a empresa pretende agir neste cenário. A ferramenta básica "Missão, Visão e Valores" ajuda a integrar operações, estratégia e motivação de equipe de maneira transparente. Para definir o trio, é muito importante o diálogo dentro da empresa. É essencial saber o que a equipe pensa para que estejam todos alinhados e empenhados em trazer resultados positivos. A **Missão** é o propósito da existência da empresa. Já a **Visão** tem a ver com as metas – aonde o negócio pretende chegar em um período acertado de tempo.

Por fim, mas não menos importante, os **Valores** são ideais relacionados às atitudes – os comportamentos que a empresa executa internamente e em relação a seus clientes, fornecedores e parceiros. Com isso, basta escolher a estrada e incorporar o Nostradamus na hora de prever obstáculos. Planejar é imaginar o maior número de cenários que você pode encontrar pela frente e escolher o mais plausível. Ao mesmo tempo, é saber lidar com a ansiedade. Não é possível controlar o futuro, mas é importante ter em mente alguns desafios que possam vir a acontecer e ter sempre um plano B na manga. Mais do que isso, grandes empreendedores dominam muito bem a arte do improviso.

Se a futura rainha do Trono de Ferro, Margaery – da Casa Tyrell, neta de Olenna –, ia sofrer na mão de Joffrey, por que não envenenar o rei no dia do casamento de maneira tão meticulosa a ponto de a culpa ir parar literalmente nas mãos do tio do garoto – Tyrion Lannister –, que tinha todos os motivos do mundo para querer o fim dele? Mais do que isso: uma vez que o sadismo sai de cena junto com o falecimento do rei, sobe ao palco o ingênuo irmão de Joffrey, Tommen – mais novo e fácil de manipular. O plano, de fato, não é nada indicado para o mundo dos negócios. Mas tire da frente o fato violento em si e atente para

> "Parte da vasta revolução atual, tanto na ciência como na cultura, é a reconsideração do tempo... Nas ciências sociais o tempo permanece em terreno virgem... Mais ainda, cada cultura e cada pessoa tende a pensar em 'horizontes de tempo'. Alguns de nós pensam somente no imediato. Políticos, por exemplo, são frequentemente criticados por procurar somente o imediato, resultados de curto prazo... a próxima eleição. Outros de nós pensam a longo prazo. Estes diferentes 'horizontes de tempo' são fontes de fricções políticas e sociais – talvez uma das mais importantes"
>
> **Alvin Toffler**, no prefácio de "*Order Out of Chaos*", de Prigogine e Stengers (1984).

a riqueza de detalhes com que ele foi pensado. É exatamente isso que este capítulo traça. Como analisar os possíveis cenários, entender aonde se quer chegar e proceder com a logística. Bem-vindo à caminhada até o castelo dos Sete Reinos.

Antes de prosseguir, entenda o conceito de tempo e espaço. Otimizar horas, minutos e segundos é uma busca comum no mundo empresarial. Mas o que de fato faz sentido nesse plano? Quanto se ganha em quatro horas discutindo e levando ao papel novas ideias e quanto se perde em quatro horas de execução de uma tarefa sem questionamentos? Neste ponto inicial do planejamento, a pressa pode ser sua inimiga. Mas, mais do que terminar o dia com o plano perfeito, é preciso ter subsídios para que a prática daquilo que se imaginou seja palpável.

Ser amigo do tempo e saber a hora certa de atacar ou recolher-se é essencial para que o planejamento funcione de fato. Alice em seu país cheio de maravilhas aprendeu isso também: "se você mantivesse boas relações com o tempo, ele faria o que você quisesse com o relógio", disse o Chapeleiro Maluco. Não é apenas um PPT bonito que faz a empresa dar certo, mas a execução do plano

---

VOCÊ SABIA?

A **noção de tempo** pode mudar de acordo com a língua materna de uma pessoa. O estudo *"The Whorfian Time Warp: Representing Duration Through the Language Hourglass"* mostra que, por não enxergar fisicamente o tempo, as pessoas associam-no a questões espaciais. Em inglês e sueco, por exemplo, "curto" e "longo" remetem à distância. Por outro lado, quem se expressa em grego ou espanhol entende o tempo como volume ou quantidade – "grande" e "pequeno". O que não muda, em qualquer uma dessas línguas, é que é preciso estar alinhado a ele para que as coisas aconteçam, respeitando-o.

de maneira efetiva, na hora certa e com a riqueza de detalhes que precisa para as engrenagens trabalharem.

Por outro lado, não dá para ficar estagnado. Da mesma forma que as noções de tempo variam de acordo com os referenciais adotados – não relativizando tudo que existe, mas já entendendo o mundo sob essa perspectiva –, ele caminha para a morte. Isso mesmo! Uma hora, o tempo acaba. Usar sabiamente os segundos que se tem e parar no tempo são coisas diferentes e é preciso estar atento a isso. O excesso de meticulosidades também pode emperrar um projeto. Prever todas as possibilidades, sim. Não evoluir o raciocínio, nunca.

*"O conhecimento é uma arma.
Arme-se bem antes de ir para a batalha"*
Meistre Aemon

Falando na prática: faça seu cronograma! Nem tão apertado a ponto de não conseguir executar com louvor os passos, nem tão amplo a ponto de você se perder no meio do projeto. Dê tempo a si e à equipe para que tudo seja realizado da melhor maneira e dentro de um prazo humanamente possível. A ansiedade de Stannis Baratheon – irmão mais velho do rei Robert – o levou a perder a guerra no meio da neve. Há o momento de pensar e a hora de agir. Vidro de dragão, uma espada de agulha ou feita com aço Valiriano? Quais ferramentas utiliza para seu planejamento estratégico? Em um período feudal, você vê Cersei caminhando por cima de um mapa gigante e traçando sua estratégica. Khaleesi tem uma maquete incrível em seu castelo. Jon Snow faz reuniões em grupo quase que diariamente para *brainstorming*.

Trazendo para os dias atuais, o BSC, ou *Balanced Scored*, por exemplo, é uma das sugestões que podem colaborar para a missão. Desenvolvido pelos professores Robert Kaplan e David Norton, de Harvard, em 1992, ele engloba ainda a comunicação organizacional, medição e gestão de desempenho. Os indicadores seguem, passo a passo, a estratégia empresarial, gerência do negócio, de serviços e de qualidade.

COMO FUNCIONA O BSC

Mapa estratégico
Descreve a estratégia da empresa por meio de objetivos relacionados entre si e distribuídos nas quatro dimensões (perspectivas).

Objetivo estratégico
O que deve ser alcançado e o que é crítico para o sucesso da organização.

Indicador
Como será medido e acompanhado o sucesso do alcance do objetivo. Qualquer indicador deve cumprir os seguintes requisitos:
- Ser claro, transmitir informação clara e confiável sobre o evento a analisar;
- Fácil de obter, mediante o acesso intuitivo a uma aplicação informática;
- Coerente com os fins estabelecidos, com a Visão e Missão da organização, medindo e controlando os resultados alcançados;
- Adequado e oportuno, estando disponível para a tomada de decisão;
- Ter a sua unidade de medida corretamente identificada: números absolutos (n.º), percentagens (taxas de crescimento, pesos), dias, horas, valores...;
- Ter um responsável designado capaz de atuar sobre os indicadores;
- Deixar as estratégias claras para toda a empresa;
- Alinhar as metas interdepartamentais e pessoais à estratégia;
- Ligar os objetivos estratégicos com as metas alcançadas de longo prazo e os orçamentos anuais.

Meta
Refere-se ao nível de desempenho ou à taxa de melhorias que precisam ser realizadas para que os objetivos sejam alcançados.

Planos de ação
Relatam as ações práticas necessárias para que se alcance os objetivos estratégicos organizacionais.

Mais do que prever o futuro, ele permite julgá-lo por meio dessa base de dados com capacidade potencial. Você leu sobre o Watson no capítulo anterior, certo? O caminho é o mesmo, levando em consideração as diferentes plataformas: uma ferramenta que se diferencia por lidar com ambiguidades e variáveis. Mais do que isso, como julgar o que ainda é abstrato? Afinal, pensando que o tempo só existe agora, o que é o futuro e como ele se materializa? No fim das contas, a metodologia colabora nas melhorias de processos e produtos, fazendo a previsão baseada em dados não estruturados.

Um inverno de muitos anos exige algumas considerações. Alimentar toda a população em um momento em que a terra não oferece muitas opções, fazer girar dinheiro para manter o exército atuante, ter estrutura suficiente para que a população esteja abrigada e não morra de frio são apenas algumas das preocupações. Por isso, o serviço ou produto oferecido deve ser rentável.

Entender o ciclo de vida do trabalho que sua empresa oferece, com uma análise periódica do que gera mais caixa e demanda menor esforço, é papel para ferramentas como "Matriz BCG". Criada nos anos 1970, ela é um clássico do plano de negócios e deve ser interpretada após executada, para melhor aproveitamen-

---

VOCÊ SABIA?

Em tradução direta, **Brainstorming** é uma tempestade de ideias. No mundo empresarial é uma técnica essencial para potencializar a criatividade, que pode auxiliar as empresas em processos de inovação. Por meio da associação de ideias e da liberação da imaginação, o *brainstorming* ajuda a romper bloqueios criativos, a pensar fora da caixa, a descobrir novas soluções e a enxergar além. A técnica combina a associação de ideias com a liberação da imaginação.

Fonte: Sebrae

to. Quando for buscar pela metodologia, observe que existem duas possibilidades: a original, focada em grandes empresas e que usa a tabela de participação no mercado; e aquela focada em empreendedores, que faz um cruzamento da necessidade de investimento com a participação na geração de lucros.

Agora, imagine o seguinte. Você tem três dragões na mão, milhares de mortos-vivos a caminho, parceria com algumas casas importantes e um exército um tanto misturado e peculiar lutando pela sua causa. Já sabe o mapa, a meta, o tempo para cada coisa e tem uma estratégia detalhada de ataque. Mas você já fez o giro no plano para ver se a ideia é viável dentro do contexto? Os benefícios são claros, o tamanho do mercado é adequado e existe potencial rentável? Quem vai ajudar a responder a essas questões é a "Análise 360° de Oportuni-

Análise 360° de Oportunidades de Negócio

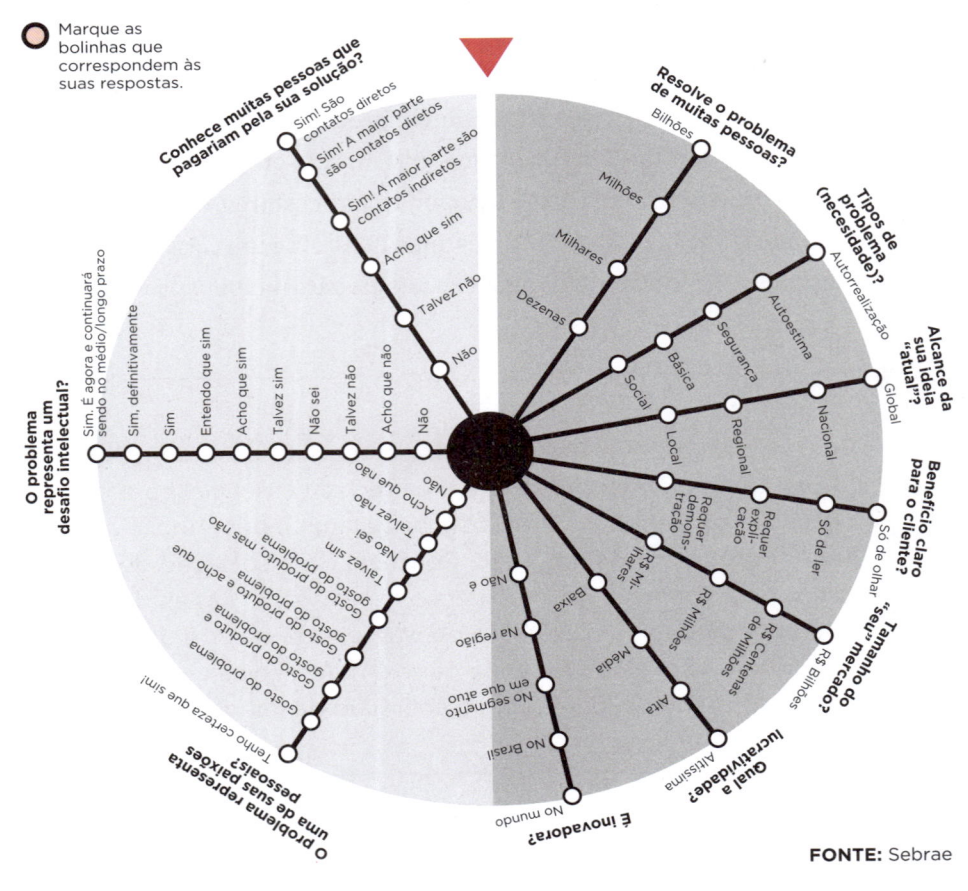

FONTE: Sebrae

dades de Negócio". Ela vai avaliar cada uma das suas propostas com base em questões internas e externas. Entenda melhor o funcionamento na figura.

Uma vez que todas as questões internas foram discutidas, analisadas e interpretadas, chegou a hora de olhar para fora. Quantas flechas gigantes você pode encontrar tentando acertar seus dragões antes mesmo de gritar *Dracarys* (comando para cuspir fogo)? Uma coisa é certa. Cersei sabe cada passo que a concorrência dá e isso faz diferença na hora de sua defesa.

Os passarinhos, as aranhas e os corvos podem ser substituídos hoje por um *Big Data* tão cheio de informações que o grande desafio, na verdade, passa a ser resumi-las e interpretá-las de maneira a facilitar a sua usabilidade. Por isso, este capítulo propõe ainda duas outras ferramentas para auxiliar o processo.

A "Análise SWOT" faz um diagnóstico da sua empresa, dando um panorama geral do contexto em que ela está inserida, com pontos fortes, fracos e oportunidades geradas no mercado, além de ameaças. Complementá-la com as "5 Forças de Porter" ajuda a conhecer melhor a concorrência e os pontos de ataque. Mais do que isso, a metodologia permite compreender qual o seu posicionamento diante das outras organizações do mesmo segmento.

Além de todas essas possibilidades apresentadas até aqui, existem ainda inúmeras opções para você fazer seu planejamento. Escolha aquela que faz mais sentido dentro do seu negócio para garantir o sucesso da empresa. Gerenciamento pelas diretrizes, pirâmide da performance, *Tableau de Bord* e outros nomes podem guiar você pelo maravilhoso mundo da premonição estratégica. Agora que já está armado com espadas, martelos e escudos, é preciso entender como funciona a mente de um bom estrategista.

Você já deve ter ouvido falar de Lady Gaga. Stefani Joanne Angelina Germanotta, nascida em 1986 e sucesso do mundo *pop* a partir de 2008, com o disco "*The Fame*", foi assumidamente um produto criado pela sua gravadora para vender disco e *show*. E deu certo. Talentosa, ela escrevia música para outros artistas e fez brilhar os olhos do cantor de *rap* Akon, que acabou contratando o trabalho para a Kon Live Distribution. Figurinos que chamassem a atenção e atitudes polêmicas fizeram a cama de gato para o sucesso de Gaga. O problema é que a estratégia perfeita para criar rios de dinheiro passou por cima de um fator importante: a humanidade da artista.

Após um período de depressão e depois de assumir para a imprensa assédio sexual e moral relacionados às pessoas que trabalhavam com ela, além de entender seu posicionamento dentro do mercado, ela mudou os rumos da história. Transformou drasticamente a forma de se apresentar diante das câmeras, colocou o talento musical à frente dos cenários criados em torno de sua vida e abraçou causas que faziam sentido para sua história – como a música *"Til It Happens To You"*, dedicada às vítimas de estupro e que emocionou o público na cerimônia do Oscar, em 2016.

Um bom estrategista deve saber aonde quer chegar e traçar uma logística coerente para alcançar a meta. Mas é preciso que não se perca dentro de um processo tão racional a ponto de esquecer que está lidando com pessoas. E as pessoas possuem fragilidades, sentimentos e necessidades. Essas variáveis devem estar inseridas no contexto do planejamento. A primeira pessoa a ser convencida de que seu produto é bom e útil deve ser você mesmo. Pense nele como algo que poderia fazer diferença na sua vida e, se o resultado for positivo, trace os planos para inseri-lo na vida de outros consumidores.

"Possuo um entendimento realista das minhas forças e fraquezas. A mente é a minha arma"
Tyrion Lannister

A rainha Margaery manipulou as massas mais pobres para conseguir o que queria. Ela morreu queimada por alguém que não faz questão nem de fingir bondade, Cersei – com inimigos por todos os lados. Um reinado criado com mentiras, opressão e medo tende a ter bases enfraquecidas pelas mesmas fragilidades que o fortalecem em determinado momento. O ego inflamado de Steve Jobs o fez ser tão seguro de si a ponto de arriscar tudo o que podia e fazer seu produto se transformar em uma marca forte em todo o mundo. Porém, esse mesmo ego o fez ser despedido da empresa que ele mesmo criou, em 1985.

Jon Snow nos ensina a importância de estar alinhado com as convicções pessoais, sem receio de ser quem realmente é e baseado em valores. Não foi fácil para ele conquistar o respeito das pessoas em volta, principalmente por ser um bastardo. Mas ouvir o que os companheiros que estavam por perto tinham a dizer, ser honesto sobre aquilo que queria e transparente no momento de fazer parcerias e estratégias o fez ganhar aliados fortes e fiéis, além de uma meta clara – a de acabar com o exército de *White Walkers*, protegendo suas terras dos caminhantes – e uma estratégia orientada com apoio de todos. Um cuidado que ele aprendeu na prática a ter é o de não hesitar. Uma vez que suas metas estão traçadas, é preciso estar seguro de si e calçado em seus valores e missão para seguir adiante. Não dê dois passos à frente e um para trás. A direção é sempre Westeros. Não pare no caminho.

> *"Às vezes, quando você inova, você comete erros. O melhor é admiti-los rapidamente e continuar a melhorar suas outras inovações"*
> **Steve Jobs**, *fundador da Apple*

Entender o ser humano é essencial para o estrategista na hora de traçar seu plano também para que ele possa reconhecer as próprias falácias. Assim como Snow, ouvir o que o restante do time tem a dizer não apenas agrega ao resultado como traz vivências diferentes, que aumentam muito seu raio de ação.

Tenha a mente aberta! Não julgue pela capa. Às vezes, a melhor solução pode vir, sim, vestida de uma menina com mais ou menos dez anos e que comanda sua casa porque é a herdeira direta. Não desmereça nada do que chega até você. Olhe para as coisas exatamente como elas são antes de criar qualquer julgamento ou valor. Dispa-se de seus conceitos e preconceitos antes de qualquer coisa, mas saiba filtrar. O bom senso deve ser bem argumentado e com base em soluções reais, para não correr o risco de entrar para a lista de coisas que não deram certo.

A marca BIC lançou, em 1998, uma linha de roupas de baixo no Reino Unido. Assim como outros produtos que vendia, o diferencial das *lingeries* era de serem descartáveis. A ideia não tinha demanda alguma e acabou saindo das prateleiras. Esse é apenas um dos exemplos de coisas mal planejadas ou com uma pesquisa de mercado defasada. Alguns planos feitos sem os devidos cuidados com os detalhes podem, inclusive, acabar se tornando gafes. A Nikon chegou a fazer campanha com uma imagem do banco de fotos que trazia uma máquina da concorrente Fujifilm. Lembra a história do diabo e os detalhes? Pois é.

"Sem dúvida, muitos de nós irão cair. Mas quem somos nós? Não temos nomes, nenhuma família, todos somos pobres, sem poderes e, ainda assim, juntos, podemos derrubar um império"

Alto Pardal - *Alto Septão da Fé dos Sete Reinos*

Capítulo 3

ESTRUTURA
O pequeno conselho

Quem acompanhou a dança das cadeiras no Trono de Ferro sabe: muita gente já passou pela mesa do pequeno conselho. Cada um com sua opinião, defendendo seus interesses ou aquilo que julgava ser interesse do reino como um todo. Entre egos, conversas longas e até manipulação de equipe, Cersei acabou tirando um a um de seus lugares, até que restasse apenas quem estivesse totalmente de acordo com o que ela queria e com a maneira como ela conduziria a logística para alcançar suas metas.

Mace Tyrell – pai da rainha Margaery e do irmão Loras – era uma das pedras no sapato da então mãe do rei. Por outro lado, a aliança entre as casas tornava obrigatória sua presença no pequeno conselho. Cersei usou então sua habilidade de observação e alimentou o ego do filho de Olenna, dando-lhe uma "missão muito importante que só ele poderia realizar". Mandou Tyrell para longe, para falar com o banco de Bravos e, assim, ganhou tempo para articular outros planos internamente. Cabeça por cabeça, ela conseguiu tirar do caminho entre ela e o trono todos aqueles que atrapalhavam ou ameaçavam suas ideias de alguma maneira. Mas, claramente, foi tornando sua base de aliados tão fraca que não pôde confiar em ninguém, e sua governança se deu inteiramente pelo medo e opressão.

Montar uma equipe bem alinhada com as metas da sua empresa e absorver os talentos individuais de forma produtiva é tão importante quanto a arte de liderar e gerenciar. Você sabe como construir um time que traga resultados efetivos? No primeiro capítulo, você aprendeu com Khaleesi como conquistar as pessoas para que elas estejam ao seu lado. Mas... E se um Khal do seu exército resolver discutir com outro bem no meio da guerra? Por isso, fique atento na hora de trazer pessoas para lutar com você e na maneira correta de conduzir as batalhas – que são diárias e mutáveis.

O PEQUENO CONSELHO

Correspondência de cargos e funções dentro de uma organização real

- **Mão do Rei** — Diretor-Geral
- **Mestre da Moeda** — Diretor Financeiro
- **Mestre das Leis** — Diretor Jurídico
- **Mestre dos Sussurros** — Diretor de Comunicação
- **Mestre dos Navios** — Diretor de Logística
- **Grande Meistre** — Diretor de Recursos Humanos
- **Senhor Comandante da Guarda Real** — Diretor Administrativo

"O talento vence jogos, mas só o trabalho em equipe ganha campeonatos"
Michael Jordan

Uma estrutura organizacional requer pessoas com talentos em humanas, finanças, leis, administração e economia. Esses contratados terão valores, habilidades, visões de mundo, modelos mentais, ritmos e humores diferentes um do outro, tornando a convivência e o trabalho em equipe um grande desafio. É importante ainda salientar que os dons individuais não garantem resultados efetivos. Pensando em um time de futebol, por exemplo, não adianta ter três atacantes virtuosos que não sabem receber a bola ou passá-la adiante em um momento crucial. É preciso que haja equilíbrio entre o brilhantismo individual e a capacidade de trabalhar em equipe.

A Mão do Rei precisa ser uma das pessoas mais completas da operação, alguém com conhecimento em todas as áreas, facilidade para aprender e estudar. Além disso, é preciso estar muito engajado no projeto e ser de confiança. É com ele que você, como presidente, vai falar toda vez que tiver dúvidas ou precisar de conselhos. Também precisa ser alguém que saiba lidar com os tipos diferentes que existem em uma equipe e até com seu próprio temperamento – ele precisa estar à vontade para dizer "não" inclusive para você quando achar que aquela atitude não será boa para o projeto de alguma maneira. A relação entre Tyrion, Khaleesi, Robert Baratheon e Ned Stark são exemplos de atuações que dão certo, pela transparência com que eles conduzem o trabalho.

Confiança, no fim das contas, é a palavra que norteia todas as relações dentro de uma equipe. Não adianta contratar um funcionário e ficar monitorando o que ele faz a cada segundo, por exemplo. A entrega final e o resultado do trabalho sempre irão refletir o nível de comprometimento da pessoa com o projeto. Ela precisa sentir-se à vontade inclusive para narrar quaisquer dificuldades que venha a ter no processo, sem ser julgada de maneira negativa por isso. Humanos possuem talentos e falhas e é preciso levar esse tópico em consideração. Demonstrar que você não acredita no que ela faz apenas atrapalha. Por isso, tenha em mente a importância de confiar na hora de gerenciar sua operação.

> *"Está se concentrando no problema.*
> *Assim, não pode ver a solução"*
> **Filme Patch Adams, O Amor é Contagioso**

Não é diferente quando o assunto é dinheiro. Principalmente nesta área, o seu Mestre da Moeda precisa ser alguém competente e claro como água na hora de mostrar o que entra e o que sai do caixa. Mas não basta entender de números, planilhas e sinceridade. Trabalhar em equipe é essencial. Você já esteve em uma empresa onde o setor financeiro não conseguia explicar para você os custos referentes à porcentagem de nota fiscal? Ou então que atrasava o pagamento pela simples dificuldade em comunicar todos os documentos que precisavam ser entregues para a liberação? Esses são apenas dois tópicos recorrentes em negociações, principalmente para quem trabalha como Pessoa Jurídica. Percebeu o uso de sinônimos da palavra comunicação nas duas perguntas? Saber se comunicar não é exclusividade de Assessoria de Imprensa ou RH, todo mundo precisa se desenvolver nesse quesito. É o tipo de desafio que pode ser encontrado também na equipe de Tecnologia da Informação.

O famoso "você já reiniciou seu computador?" gera muito desconforto entre as pessoas do mesmo time. Quando alguém entra em contato com a TI por alguma razão é porque já tentou de tudo e, de fato, existe um problema – que não é tão óbvio assim dentro da limitação dela no assunto – a ser resolvido. Por isso, não adianta fazer as vezes de um médico e sair falando que "o paciente possui síndrome caracterizada por episódios repetitivos de completo ou parcial fechamento das vias aéreas superiores levando à fragmentação do sono noturno e hipersonolência diurna". Ela tem apneia do sono. Simples assim. Perde o ar durante a noite e ronca bastante.

Um professor de jornalismo da Universidade Metodista de São Paulo, Júlio Veríssimo, costumava perguntar a seus alunos após a entrega de uma reportagem: "sua avó entendeu o que está escrito?". O raciocínio é simples. Comunicar bem otimiza o trabalho e dá mais qualidade aos processos.

O Mestre das Leis é alguém que precisa também entender bem as demandas que chegam até ele, ser proativo e detalhista. É necessário ainda deixar claro que ele deve ser consultado antes de ações grandes, para que não precise remediar depois, afinal, o melhor tratamento é sempre a prevenção. Se você precisa, por exemplo, utilizar uma foto em uma campanha publicitária, fale com seu departamento jurídico. Entenda o que pode e o que não pode ser feito antes de ter que pagar um dinheiro alto pelo uso indevido de uma imagem. Lembre-se: todo mundo da equipe está jogando do mesmo lado, portanto, entenda o que cada atitude implica, conversando com as outras pessoas do seu time. Nesse aspecto é importante também ter dentro da empresa pessoas que tragam soluções, e não mais problemas. Apontar o que pode dar errado é importante justamente para chegar a um acordo. Apontar apenas a falha não faz o trabalho andar para a frente. Se o fermento estava ruim e o bolo não cresceu, explique como fazer outro do jeito certo. Não seja a pessoa que fica apenas apontando o erro. Vá adiante e enxergue além do problema.

Saindo do Excel para o Word, o que faz essa tal área da Comunicação, hein? O Mestre dos Sussurros é um tipo de fofoqueiro de plantão? A resposta é não! O setor é quem vai comunicar para o mundo quem é a empresa, como ela pensa, o que está fazendo de mais relevante e, na pior das hipóteses, gerenciar crises. *Marketing*, Publicidade, Assessoria de Imprensa e Comunicação Interna estão ali para ajudar no crescimento do negócio diante dos olhos das pessoas de fora – e de dentro também. Por isso, é importante que eles entendam o projeto como um todo, as atividades desempenhadas por cada setor e, principalmente, conversem. Falar com as pessoas pelos corredores, passear pelas áreas do escritório, entre outras ações, são atitudes importantes para estar por dentro dos processos e viver tão intensamente a experiência da empresa a ponto de poder descrevê-la da melhor maneira possível para as outras pessoas.

"Cada Khal que já viveu escolheu três companheiros de sangue para combater ao lado dele e guardar o seu caminho, mas eu não sou um Khal. Eu não vou escolher três companheiros de sangue. Eu escolho todos vocês. Vou pedir mais de vocês do que qualquer Khal nunca pediu a seu Khalsar. Vocês vão montar os cavalos de madeira através do mar de sal negro? Vocês vão matar meus inimigos em seus trajes de ferro e derrubar suas casas de pedra? Vocês vão me dar os Sete Reinos, o presente que Khal Drogo me prometeu, antes da Mãe das Montanhas? Vocês estão comigo agora e sempre?"

Daenerys Targaryen

Você se lembra daquele acidente da companhia aérea TAM, em outubro de 1996? O Fokker 100 caiu apenas segundos após sua decolagem, atingindo oito casas e matando 99 pessoas – incluindo seus 96 passageiros. Imagine, nesse momento, você na presidência da empresa. O que você deve fazer? É exatamente aí que a Comunicação entra no gerenciamento de crise, enquanto você resolve as questões burocráticas que envolvem um assunto tão sério como esse. Entrevista coletiva, apuração das causas do acidente para melhor comunicar à população envolvida, cuidados extremos na divulgação de nomes dos falecidos, boletins oficiais, suspender peças publicitárias, entre outras coisas. Veja a importância da área nesse momento delicado. Portanto, saiba escolher as pessoas que vão falar em nome da sua empresa.

Em seguida, na hora de decidir quem será seu Mestre dos Navios, você prefere Jorah Mormont – braço direito de Khaleesi – ou Jaime Lannister – irmão gêmeo de Cersei e membro da guarda real? O primeiro tem um pouco mais de sorte do que estratégia, seguindo conforme o vento sopra. Já o segundo acaba metendo os pés pelas mãos porque sempre se enrola nas próprias emoções. Nesse caso, apesar dos fins não justificarem os meios, Mindinho acaba sendo o melhor deles — Petyr Baelish é um nobre de Westeros, dono de bordéis e articulador político com vivência intensa dentro do castelo real. Não por acaso, ele acabou ajudando Sansa a salvar o Norte na batalha dos bastardos. Tudo friamente calculado. Como o setor de logística, que precisa estar entregue a alguém muito organizado e que saiba se planejar. Os detalhes também são de extrema importância quando o assunto é o que entra, o que sai e a maneira como isso é feito.

Eis que surge o Senhor da Sabedoria. Aquele que tem os conhecimentos humanos e culturais, que entende as pessoas e suas particularidades. O Grande Meistre precisa ser alguém sensível e empático, que esteja disposto a auxiliar. Ele tem que entender que a vida humana está acima do trabalho, assim como o respeito. Por isso, quando alguém chegar até sua sala, fechar a porta e dizer o que está acontecendo, o profissional de Recursos Humanos deve estar disposto a ouvir, ser sigiloso e, mais do que isso, filtrar a informação da melhor maneira possível para auxiliar.

Por fim, mas não menos importante, o Senhor Comandante da Guarda Real. Ele é a segurança de que o plano de negócios da empresa, as metas que todos construíram juntos e o andamento dos setores sigam de maneira precisa e acertada. A administração de uma empresa precisa ser formada por pessoas que consigam enxergar o todo de maneira sistemática. Esse setor deve ter muito claro o caminho que o negócio está seguindo e manter o controle das ações para que o objetivo final seja alcançado com sucesso.

Se tem uma coisa que Khaleesi entende é de motivação, não é mesmo? Ela sabe exatamente o ponto para gerar empatia com sua equipe e consegue motivá-los a lutar por sua causa sem pestanejar. Foi assim que construiu um time forte, diversificado e fiel à causa. E você, sabe como construir sua equipe?

Lembra-se, no capítulo anterior, da ferramenta sobre a definição de missão, visão e valores? Uma das maneiras de começar a traçar esses tópicos era por meio de conversas com todo o time. Pois é. Aqui é necessário ressaltar a importância da visão compartilhada, ou seja, uma abordagem clara do objetivo que deve ser alcançado. O sonho agora não é só seu. Ele é de todos aqueles que entraram juntos no navio (ou subiram no dragão) para conquistar o Trono de Ferro.

Já parou para pensar no sentido da vida? Afinal, o que isso quer dizer? A filosofia antiga o associa à felicidade – eudaimonia. A palavra, composta por "eu" ("bom") e "daimōn" ("espírito"), está no centro do conceito de Aristóteles. Ele considera a virtude como um dos aspectos mais importantes da felicidade, acrescido de bens externos – saúde, dinheiro e beleza. Já para Platão, o equilíbrio entre razão, coragem e instintos é o que traz a eudaimonia. Essa "constante ativa da alma" é que dá sentido à vida.

Levando em consideração que o trabalho toma a maior parte do tempo de uma pessoa, se ele não gerar felicidade no grupo, o negócio passa a perder o sentido de existir para os membros ativos. Por isso, compartilhar o sonho e fazer com que ele seja de todos é essencial para que haja fluidez, proatividade e engajamento da equipe.

"Nunca esqueça o que você é, o resto do mundo não esquecerá"

Tyrion Lannister

Com uma visão bastante transparente para todos e aceita pelo time como o propósito dele, o próximo passo é dividi-la em metas menores que possam ser alcançadas individualmente. Com as funções bem segmentadas de acordo com os objetivos em prol do bem maior, a criação de departamentos e metas está completa. Para isso, cabe aí o poder de observação do gestor, identificando falhas, talentos e perfis para distribuição de tarefas da melhor maneira possível. As competências individuais devem ser reconhecidas e, claro, otimizadas dentro do todo. Voltando à questão da confiança, é preciso dar autonomia aos grupos para que eles se sintam à vontade em tomar decisões dentro de seus conhecimentos e especialidades e façam os navios navegarem de maneira tranquila, ainda que por águas movimentadas. Este é justamente o terceiro passo: firmar essas relações de confiança preestabelecidas. Isso de todos os lados. É importante uma equipe que confie no gestor e a recíproca seja verdadeira. É necessário também que haja respeito e sinergia entre os setores, para que o serviço possa ser orgânico a caminho do sucesso. Todo relacionamento é baseado em acordos, regras de convivência e clareza. Para que isso aconteça, existem quatro pontos principais de atenção:

- **Credibilidade:** é importante saber que aquilo que é dito ou prometido é cumprido com excelência. Não basta mostrar serviço da boca para fora, é preciso execução.
- **Coerência:** tudo que é dito entre as pessoas do time precisa fazer sentido e ser bem argumentado. Quando você fala algo só porque a outra parte gostaria de ouvir aquilo, vai agir contra suas próprias palavras, e as atitudes serão incoerentes.
- **Aceitação:** pessoas são diferentes. Nem melhores, nem piores. Apenas diferentes, com dons e falhas. Não julgue e saia falando mal de todo mundo. Aceite os outros e, principalmente, aceite as próprias falhas, assuma e peça ajuda quando necessário.
- **Sinceridade:** se alguém faz uma pergunta e você não tem a resposta naquele momento, qual o problema em dizer "não sei, vou checar"? Assumir o que pensa, o que não sabe, os sentimentos em relação ao trabalho é essencial. A transparência é ponto alto para estabelecer confiança.

Construa castelos de rocha firme, e não de cartas. Após essas relações bem estabelecidas, o que mantém uma equipe vendo sentido no trabalho é a motivação. Inspire seu time pelo exemplo e pelo compromisso. A conduta no dia a dia vai nortear os setores, e a boa comunicação com seus funcionários pode ser o grande diferencial da sua gestão. Apontar o que precisa ser melhorado é importante, mas celebrar vitórias em equipe também. Comemore! Mostre que cada detalhe e cada pessoa faz diferença para o projeto fluir.

Nem tudo que reluz é ouro. Conflitos também virão. Antes de falar sobre como gerenciar equipe e conflitos que venham a surgir a partir dela, é preciso saber: quanto você conhece quem está do seu lado? Um dos últimos dados da Organização Mundial da Saúde mostra que, em 2016, por exemplo, 75 mil pessoas foram afastadas de seus postos de trabalho por conta da depressão. Isso sem contar aquelas que não entraram em afastamento médico e, ainda, aquelas que ninguém sabe que sofrem do problema. Já parou para pensar que, gradativamente, segundo a pesquisa, a doença vai se tornando uma das mais incapacitantes em todo o globo?

Olhando mais para as estatísticas, elas mostram que esse valor representa apenas 37,8% dos afastamentos por algum tipo de transtorno mental ou comportamental. Se somado ao estresse, ansiedade, transtornos bipolares, esquizofrenia e transtornos mentais relacionados ao consumo de álcool e cocaína, o número de licenças médicas sobe para 199 mil.

Você tem observado a pessoa que senta ao seu lado? Será que ela precisa de alguma ajuda? Ou talvez aquela maneira rude de responder seja indício de alguma outra coisa? Quando a questão é produtividade, a falta dela também pode ser um indicativo de que algo vai errado e é preciso estar atento. Além disso, um ambiente com muitas pessoas possui uma gama ampla de diversidades. É preciso entendê-las, desconstruir-se, reconstruir-se e respeitar. Maneiras diferentes de pensar, agir, ser e traçar os valores pessoais não são segmentadores do tipo "Fla-Flu" (referência à briga entre as torcidas de futebol dos times Flamengo e Fluminense do Rio de Janeiro), mas sim uma boa oportunidade de aprender mais sobre mundos fora da sua bolha e agregar.

O conceito de bolha acaba surgindo junto com o uso intenso das redes sociais – quase como um extensor do cérebro humano. As pessoas cada vez mais estão pautando suas escolhas e opiniões por aquilo que veem na *timeline*. Porém, quanto mais elas decidem por cliques no Facebook, Instagram, Twitter e tudo que existe à disposição no mundo virtual, mais elas personalizam seus algoritmos para que eles mostrem sempre as mesmas notícias que elas já conhecem, validando assim um ponto de vista ou argumentação e prendendo-as em "bolhas" de comportamento e conhecimento. Olhar em volta, clicar em coisas diferentes e ouvir discursos que não condizem com o seu são fatores importantíssimos para entender o mundo, o cliente, os parceiros e a equipe. Crescidos no frio do Norte também podem pegar um sol no Sul e até gostar.

Para além da sensibilidade relacionada a questões e diferenças que podem ocorrer no ambiente de trabalho, é importante saber diferenciar os perfis comportamentais – até para que você possa otimizar o uso dos talentos de cada um de acordo com as metas, prioridades e serviços. Quando você conseguir unir essas características pré-organizadas pela psicologia às vivências e experiências individuais, o resultado será gratificante.

"Conheça todas as teorias, domine todas as técnicas, mas, ao tocar uma alma humana, seja apenas outra alma humana"

Carl Jung

Para organizar de maneira mais prática e eficaz as características que são subjetivas, existem ferramentas como o DISC. Esse modelo para definir perfis comportamentais surgiu nos anos 1920 pelas mãos do PhD em psicologia pela Universidade de Harvard William Moulton Marston. Com o teste, ele conseguiu mostrar respostas emocionais das pessoas relacionadas à rotina. Os quatro principais fatores que ele utilizou para a análise foram dominância, influência, estabilidade e conformidade – em inglês, as iniciais formam a palavra DISC. É importante verificar que um padrão não é melhor ou pior que o outro, são apenas maneiras de se relacionar com a sociedade.

Os perfis comportamentais

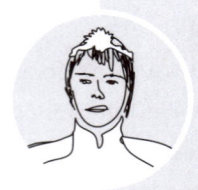

DOMINÂNCIA – CERSEI
O dominante foca os resultados, buscando dominar o ambiente que frequenta. Rapidez, objetividade, poder de decisão e assertividade são características desse perfil. Ele fala o que pensa, sem medo de magoar, e é desafiador, determinado e competitivo.

INFLUÊNCIA – REI ROBERT
O influente foca os relacionamentos. Ele está sempre interagindo com alegria, otimismo e motivação. É confiante, desinibido e sabe persuadir as pessoas, mas perde o foco com facilidade por ser muito sonhador. Gera uma visão de mundo favorável e, dependendo do ambiente, pode passar uma impressão de pouca seriedade, tornando-se também prolixo.

ESTABILIDADE – JON SNOW
O perfil estável foca a segurança e está sempre a servir as pessoas em volta. Muito paciente, é um bom ouvinte, além de acolhedor, gentil e leal. Gosta do trabalho em equipe e é uma boa pessoa quando a atividade exige cooperação. A segurança é buscada pelo planejamento e métodos de trabalho. Consegue seguir até o fim das atividades, mas pode ser um pouco lento na realização, por ser ponderado e planejar demais.

CONFORMIDADE – MISSANDEI
A pessoa com perfil conformista tem o maior foco nas regras. Ela sempre está bem alinhada com os procedimentos, é analítica, lógica e precisa. Discreta, ela possui uma comunicação mais formal, termina as atividades facilmente e sua visão de mundo não é muito favorável. Questionadora, ela exige bastante de si mesma e das pessoas em volta, apresentando pouca flexibilidade, principalmente com imprevistos.

Desde a publicação da descoberta, em 1928, a metodologia passou por desenvolvimentos e acabou como uma das mais usadas em todo o mundo. Ela mostra que todas as pessoas têm potencial de sucesso, mas que ele acontece com melhor fluidez se aproveitado de maneira assertiva nas áreas que fazem sentido para o contexto daquele funcionário. Todo mundo trabalhando no que gosta e trazendo resultados positivos, o reflexo é óbvio: felicidade. E se felicidade é o sentido da busca e da vida, a satisfação pessoal certamente vai trazer consequências importantes e lucrativas para o negócio como um todo. Seu reino terá sido conquistado e o sonho de uma governança boa será alcançado. Em termos gerais, o DISC detecta as características comportamentais, indica pontos fortes e ajuda no autoconhecimento – nem sempre você percebe que toma atitudes de uma maneira ou de outra, e ter consciência disso faz diferença na hora de colocar a mão na massa. Por outro lado, ele não define tipos de inteligência, que podem ser analisados em outros testes e ferramentas. Também não define habilidades, apenas respostas ao externo e, assim, você pode encaixar seu colaborador naquele setor que faz mais sentido para ele e para a empresa. Por fim, não serve como forma de manipulação ou rotulagem de pessoas. Apenas ajuda a entender melhor o que elas podem trazer de bom para o projeto.

Agora que você está apto para avaliar os perfis e a maneira como eles se comportam diante das situações, já pode utilizar os talentos da sua equipe da forma que faz mais sentido dentro do negócio. Todo mundo feliz, fazendo a empresa caminhar para a frente e obter bons resultados. Isso é garantia de que nunca haverá estresse e que todos viverão sorrindo em um mundo de unicórnios e nuvens cor-de-rosa? De maneira alguma!

Em algum momento, haverá discordância ou conflito por eventos internos e até externos daqueles que você naturalmente não pode controlar. Nessa hora, entra o que chamamos de mediação. Mesmo você sendo uma doce mãe dos dragões, que se compadece pela dor dos outros, é preciso ter firmeza para tomar as atitudes corretas que beneficiem o grupo e protejam seu negócio.

> **DEFINIÇÃO**
>
> **Conflito** é um fenômeno de incompatibilidade entre pessoas ou grupos, ou entre grupos e pessoas. Decorre de uma percepção distinta de interesses ou da convicção de que as aspirações atuais de cada um dos envolvidos não podem ser simultaneamente alcançadas ou não excludentes em si.
>
> (JARES, 2002)

O primeiro ponto a ter em mente é que o conflito não é necessariamente algo ruim. Ele engloba, na verdade, uma oportunidade de crescimento, de entender novas possibilidades e de observar as soluções de outras perspectivas. Divergências nos pontos de vista são uma ótima maneira de criar ideias novas com elementos vindos de núcleos distintos do seu. Na verdade, conflitar evita que a equipe entre em um período de estagnação, porque permite explorar e expressar outras maneiras de ver o mesmo desafio. O que deixa o diálogo negativo é a incapacidade de lidar com as divergências. É aí que entra o papel do gestor, sabendo utilizar as estratégias adequadas para transformar situações delicadas em portas abertas ao crescimento.

Não se trata de matar um leão por dia para que outro surja em seguida. Trata-se principalmente de domar aqueles leões que ficam soltos nas entrelinhas de tudo que acontece dentro do escritório. Nesse ponto, o poder de observação e a sensibilidade são essenciais ao gestor.

O Center of Creative Leadership, nos Estados Unidos, é uma das escolas mais importantes na formação de líderes. De acordo com a metodologia da instituição, existem sete maneiras de as pessoas responderem a um conflito. Quatro são consideradas respostas construtivas ativas, usadas para envolver diretamente outras pessoas na resolução do problema; e três são construtivas passivas, usadas na preparação para resolver o desafio e, dessa forma, pensar com calma e fazer com que a pessoa fique receptiva a novas ideias.

No fim das contas, gerenciar conflitos é algo que se aplica no negócio, em um relacionamento e na vida. Pense naqueles casais que brigam sem parar e

Respostas Construtivas Ativas:

- **Coloque-se no lugar das outras pessoas:** não interrompa o raciocínio delas, indique se entendeu ou não, faça perguntas com exemplos, olhe para si e enxergue as próprias falhas, mantenha o foco em fatos reais ao invés de suposições, use expressões que indiquem que entende o ponto de vista – independentemente de concordar ou não.

- **Identifique os pontos de concordância:** saiba as metas da outra pessoa, trabalhe questão a questão, começando pelas mais fáceis; levantem juntos o maior número de possibilidades, foque soluções – não é uma competição, não tem a ver com vitória ou derrota.

- **Explique como se sente diante da discussão, sem projetar a culpa na outra pessoa:** prefira sempre "eu estou triste" ao invés de "você me deixou triste", evite julgar e tome cuidado com as palavras.

- **Admita sua responsabilidade:** seja franco no sentido de esclarecer que também contribuiu para o conflito, permita e encoraje o outro a expressar seus sentimentos, não julgue a forma como o outro se sente nem diga que está errado, saiba pedir desculpas quando necessário, questione o que pode fazer para melhorar a situação.

Respostas Construtivas Passivas:

- **Reflita:** olhe para sua reação e tente entender o motivo dela, pense em alternativas para reagir, pesando prós e contras; pensamentos organizados são um grande aliado, lembre-se de cada um dos passos da comunicação – ouvir, pensar e comunicar, nessa ordem; espere um tempo para que a outra pessoa também reflita.

- **Atrase a resposta se necessário:** não se deixe tomar pelas emoções, aguarde o momento certo de responder com sabedoria; demorar a falar ou pedir um intervalo não é fugir da raia, mas sim dar o tempo necessário ao raciocínio lógico; durante o intervalo do conflito, faça alguma atividade que gere tranquilidade, nunca leve para o lado pessoal.

- **Adapte-se:** Tente enxergar os pontos fortes da outra pessoa envolvida, respeite, evite sarcasmo ou humor negativo.

o porquê disso acontecer. É muito fácil você encontrar algumas evidências fortes, como projeção das próprias inseguranças no outro ou falta de ouvir.

Não é diferente no ambiente de trabalho, dada a convivência intensa que se tem com o time. Entender o outro, saber que estão todos do mesmo lado e em busca dos mesmos objetivos e respeitar são pontos essenciais para que uma crise seja, na verdade, uma escada para a evolução. Não precisa sair cortando cabeça apenas por conta de uma diversidade de opiniões. Você não vai querer perder alguém tão humano e ao mesmo tempo estratégico como Ned Stark, não é mesmo?

Existem maneiras de dizer tudo que você precisa e pensa, mas sem fazer mal para outra pessoa. Informações do livro "Curar o stress, a ansiedade e a depressão sem medicamento nem psicanálise" mostram que existe – pasme – um "Laboratório do Amor" em Seattle, onde estudos sobre a mente e as reações emocionais procuram esclarecer tópicos importantes para quem está em conflito.

"Não vemos as coisas como elas são.
Vemos as coisas como nós somos"
Talmude, coletânea de livros sagrados dos judeus

Além dele, o psicólogo Marshall Rosenberg tem pesquisas profundas sobre a comunicação emocional. Um dos pontos importantes é ser bastante específico, afinal, o objetivo é comunicar, e não atacar. Troque o "seu relatório não está bom" por "faltam três pontos neste relatório, são eles...". Da mesma forma, evite julgar o outro quando o assunto for como você se sente. Quando você fala sobre seus próprios sentimentos, não há discussões. Afinal, é possível se defender do colega que diz "você sempre age de maneira errada comigo", mas não se ele disser "eu me sinto muito triste quando você executa essa ação".

Para auxiliar na hora do conflito, o doutor Rosenberg também desenvolveu uma ferramenta prática, um cartão com o acróstico FTACEN, que você confere a seguir.

FTACEN – para resolução de conflitos

- **Fonte:** tenha certeza de que está falando diretamente com a pessoa que é fonte do problema. Se o seu chefe disse algo de que não gostou, em nada vai adiantar brigar com sua esposa ou reclamar para o colega do lado.

- **Tempo (e lugar):** mesmo que precise respirar fundo e esperar um pouco, é importante que o diálogo ocorra na hora e no local adequados. Confrontar em público ou no meio de uma reunião com outros objetivos, por exemplo, não é nada construtivo.

- **Abordagem amigável:** para que sua abordagem faça sentido, certifique-se de que a outra pessoa envolvida está escutando. Para isso, não seja agressivo ou autoritário. Uma vez que se sinta ameaçada, a pessoa fica na defensiva e já não responde com razão. Além de manter o outro confortável, chame-o pelo nome. Isso mesmo! O ser humano se torna mais receptivo ao ouvir o próprio nome. Em seguida, diga algo agradável antes de ir ao ponto delicado, como, por exemplo, "Daenerys, aprecio muito o que fez por mim em Meereen e sou grato por ter me libertado..."

- **Comportamento objetivo:** "... Por outro lado, eu me sentiria melhor se pudesse continuar em minha casa". Após dizer algo positivo, complemente objetivamente com a queixa. Porém, limite-se à descrição do evento que levou àquela conversa, sem julgamentos.

- **Emoção:** quando você finaliza a comunicação, é normal ser tomado pelo sentimento que aquela situação gera. Mantenha-se firme! Substitua o "você me magoou" por "fiquei magoado em deixar minha casa".

- **Necessidade:** mais uma vez, não adianta apontar problemas sem dar a solução. Na hora de expressar a necessidade, continue sendo assertivo em suas colocações. "Khaleesi, preciso sentir que posso contar com você mesmo estando em meu lar."

Pronto! Após escolher a equipe do seu pequeno conselho e separá-la por afinidades e atividades, aprenda a ter jogo de cintura. Nada lhe é de fato imposto. As escolhas são pautadas pelos contextos pessoais, e o autoconhecimento ajuda a ter consciência de quem você é e da sua posição no mundo. Com isso, fica mais fácil entender onde termina o seu espaço e começa o de outra pessoa. Gerir um time e gerenciar conflitos têm a ver com maturidade, uso correto e transparente das ferramentas e, principalmente, enxergar a si mesmo nos olhos do seu dragão ou lobo.

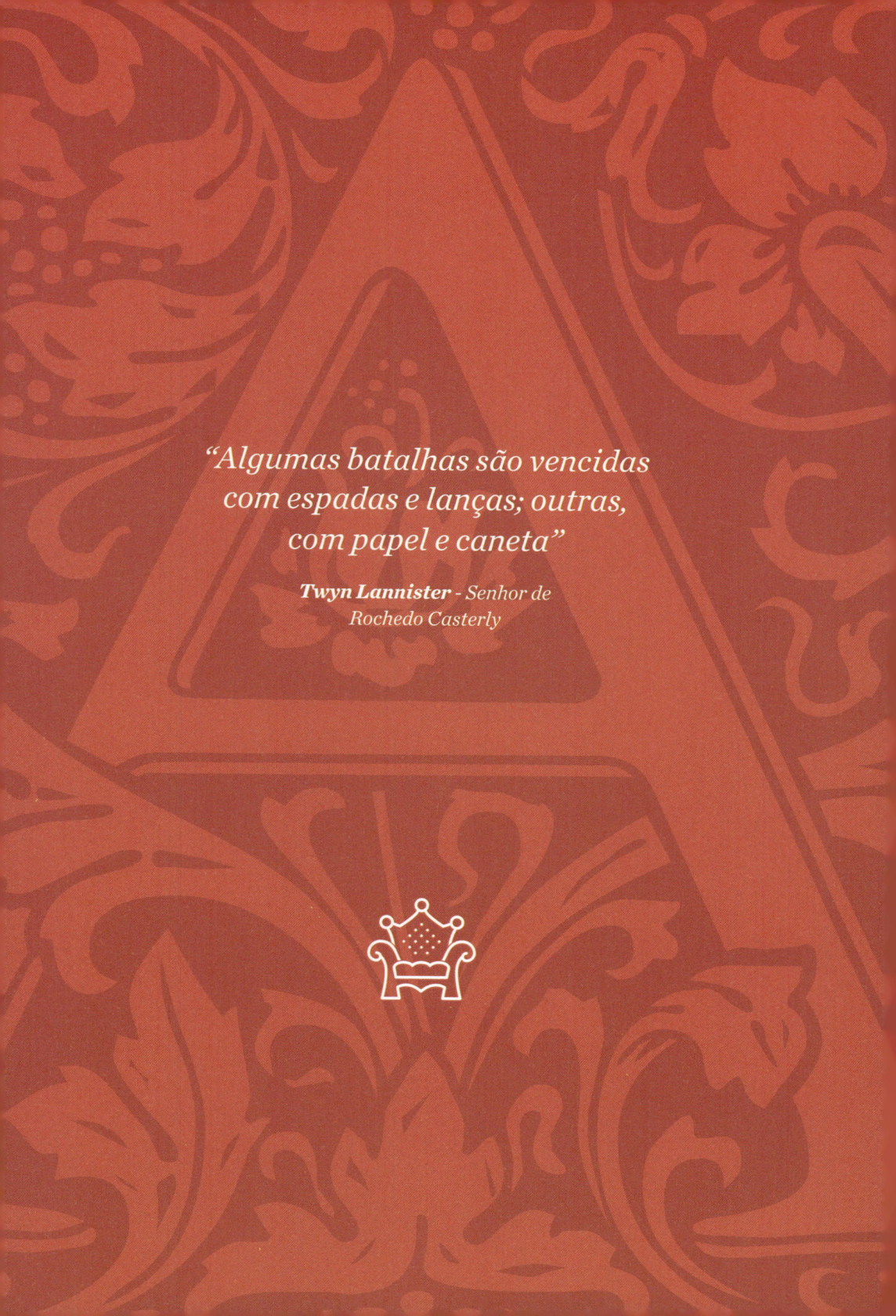

"Algumas batalhas são vencidas com espadas e lanças; outras, com papel e caneta"

Twyn Lannister - *Senhor de Rochedo Casterly*

Capítulo 4

CLIENTES
Não diga que é um rei, seja um rei

té aqui, você aprendeu a planejar cada detalhe da estrutura da sua empresa e as melhores maneiras de fazer com que a equipe trabalhe pelo negócio. Com o exército armado e os navios comprados, chegou a hora de colocar o filho no mundo. O serviço começa a ser executado e você precisa lidar agora com um novo dragão, o cliente.

E você sabe quem ele é ou em que cultura está inserido? A Levi Strauss & Company, conhecida por fabricar *jeans* e roupas, deixou o *hip-hop* passar pela janela e perdeu 1,4 bilhão de dólares pelo simples fato de preferir as calças tradicionais às largas. Por mais perfeito que seu plano esteja, é preciso continuar atento à cultura do público que escolheu para que as oportunidades não virem frustrações. Fazer parte da vida do cliente é mais que oferecer um bom produto. É preciso adotar a cultura na qual ele está inserido para entendê-lo da forma mais abrangente possível. Compreender a forma como ele pensa, age e se coloca no mundo gera ferramentas para um bom trabalho e resultados lucrativos. O *Big Data* ajuda nisso, claro, mas a empatia e a observação diária também fazem parte do trabalho.

O mais incrível desta história é que os conceitos acerca do assunto começam lá no século 18, no período iluminista, com o filósofo e economista Adam Smith, mas as empresas ainda sofrem para conseguir entender os diversos cenários. Seu principal trabalho é a obra "Uma investigação sobre a natureza e a causa da riqueza das nações". Nela, ele mostra que o lucro dos países resulta de indivíduos movidos pelos seus próprios interesses e experiências. O "pai da economia moderna" refere-se ainda ao trabalho como fonte de valor e trouxe ao mundo uma nova maneira de entender e fazer negócios. "Assim, o mercador ou comerciante, movido apenas pelo seu próprio interesse (*self-interest*), é levado por uma mão invisível a promover algo que nunca fez parte do interesse dele: o bem-estar da sociedade", Adam Smith.

Apesar dos quase 300 anos da revolução que Smith trouxe, os empreendimentos ainda têm dificuldades para trabalhar com a cultura.

"Por cultura, não me refiro ao universo cultural corporativo nem à 'cultura de elite', o universo do gosto refinado. Por cultura, refiro-me ao mundo que existe do lado de fora da corporação, o conjunto de ideias, emoções e atividades que compõem a vida dos consumidores. (...) Enquanto não se dominar a cultura, ela continuará mantendo o mundo desnecessariamente misterioso. Uma atitude que multiplica riscos"

Grant McCracken, *em seu livro "Chief Culture Officer", eleito pela revista Businessweek como um dos melhores livros sobre inovação de 2009*

O pequeno grande Tyrion Lannister é um bom exemplo de quem entende o seu cliente. Ao longo da história, munido de pouca força física ou manejo de espada, mas bem amparado pelos livros que estudou a vida inteira, ele passou por diversas casas dos Sete Reinos e permaneceu ileso. Sua principal arma é a adaptabilidade e a resiliência. Ele consegue compreender os seus "clientes" com facilidade e entregar aquilo de que eles precisam de maneira assertiva. Unindo o dom às parcerias que encontrou no caminho, o "Imp" sobreviveu a situações diversas e acabou protegido como Mão Direita de Khaleesi.

Apesar de pautado em números, planilhas e pesquisas, o negócio tem por base, meio e fim o próprio ser humano, que é mutável em sua essência. O mesmo Chico Buarque que fez música de protesto nos anos 1970 pode gerar polêmica em 2017 por canções consideradas machistas em alguns nichos. O mesmo Dave Grohl que começou sua carreira com o *punk* de Washington DC e acabou indo parar na bateria de uma das bandas de *rock* mais influentes dos anos 1990 – o Nirvana – foi precursor do movimento grunge de um lado e conseguiu fazer músicas "fofinhas" do outro, como a *pop* na essência *"Walking After You"*, do Foo Fighters. Paradoxos e adaptações.

No primeiro exemplo, você reconhece alguém que não soube adaptar seu produto aos tempos e evolução de valores. No outro, alguém que não perdeu sua essência, mas seguiu de acordo com o que o mercado pediu. Não se trata de deixar escapar a verdade e o respeito pelos próprios valores, mas sim de estar contextualizado e, dessa maneira, entender o cliente.

Quando a MTV surgiu, nos anos 1990, ela trazia as novidades que os jovens daquela época queriam. Quando tentou acompanhar as mudanças da faixa etária adolescente, foi bombardeada de críticas pelos nostálgicos da camisa xadrez que, agora, eram adultos seguindo seus empregos de terno e gravata. Em 2010 ela era a sétima maior rede de televisão do Brasil, mas, quando resolveu atender àqueles pedidos do antigo público, foi a decadência de sua história no País. O que a marca esqueceu de levar em consideração é que aquelas pessoas não eram mais as que assistiam ao canal. Elas reclamavam pela saudade que tinham de si mesmas quando mais jovens. Perdeu-se então a audiência dos fãs de Restart e, aos poucos, os cortes foram feitos até que o último apagasse a luz do prédio tradicional da Alfonso Bovero, o canal fosse parar na TV paga e o conteúdo passasse a ser de *reality show* gringo e produções terceirizadas. A identidade que trazia força à marca foi embora com o vento.

Existe ainda a esperança da convergência. Quando as marcas conseguem ir para além do sucesso por segmentação e transcender o campo cultural. É a chamada cultura convergente. Apesar de as pessoas serem diferentes e terem valores distintos, há uma possibilidade de compartilhar a visão de mundo e a forma como cada indivíduo se define. Em algum momento, de tempo em tempo, surge algo de consenso geral, como Elvis Presley, solidificando o estilo das guitarras elétricas e levando isso para todos os públicos de maneira a mudar a história da música em todo o mundo.

Mas o que o levou ao sucesso é apenas especulativo. Pode ter sido o comportamento transgressor para a época ou aquele barulho todo que se fazia presente agora na música por meio de distorções. Ou ainda, dar a possibilidade de jovens reprimidos gritarem alto e liberarem a raiva e a energia que ficavam sufocadas. O mais provável é que tenha sido tudo isso junto. O importante mesmo foi que, de maneira orgânica e natural, essas necessidades foram identificadas e transformadas em um serviço que fez diferença na vida daquelas pessoas.

Uma vez que você consegue identificar seu cliente, chega a hora de lidar com os vários tipos de perfil dentro do grupo. Além do consumidor final, entenda por cliente também empresas para quem você fornece algum tipo de serviço, marcas com quem você possa trabalhar diretamente, entre outros.

Quando essas pessoas entram em ação, é preciso ter jogo de cintura e paciência para lidar com maneiras diferentes de trabalho e cobrança. Tem, por exemplo, aquelas que não conseguem tomar uma decisão, os "librianos" do mundo empresarial. Cada hora querem uma coisa diferente, como Theon Greyjoy – que viveu como parte da família Stark durante muitos anos e, depois, resolveu voltar para casa –, decidindo de que lado da guerra estava. Isso acaba atrasando e prejudicando os processos. Para esse tipo de pessoa, trabalhe o máximo possível com *e-mails*, oficializando decisões e prazos. Faça o necessário para deixar tudo bastante detalhado, para que ela não volte atrás.

Tem também aquele cliente estilo Cersei, que espera de você 100% do tempo dedicado ao projeto e, por isso, tudo deve ser entregue o mais rápido possível. Não raras as vezes, acaba deixando a ansiedade tomar conta e resolve antes de você a questão, passando por cima do seu trabalho. Para esses, é importante deixar claro quando e como serão realizadas as entregas, para que não fique pressionando você. Muitas vezes, eles podem acabar se tornando aquela marca que quer tudo para ontem, por achar que as coisas são sempre urgentes e merecem prioridade. Ele pode até acionar os outros sócios ou gestores da empresa até conseguir a atenção que exige. Nesses casos, fique atento e mostre que o serviço está sendo executado dentro do planejado e aprovado, sempre embasado no contrato com escopo bem definido e claro.

"Nós não apenas ampliamos o escopo e a escala das mudanças, nós alteramos radicalmente seu ritmo. Liberamos uma força social totalmente nova em nosso tempo – um fluxo de mudanças tão acelerado que influencia nossa sensação de tempo, revoluciona o ritmo da vida cotidiana e afeta a forma como 'sentimos' o mundo ao nosso redor"

O choque do futuro, Alvin Toffler

Por outro lado, há o tipo Sansa Stark, que não quer se envolver nos processos e acaba fazendo com que você tome decisões por ele, sozinho. Geralmente, ele também é o tipo que não explica muito bem o que quer, mas, do mesmo modo, acaba não gostando da entrega final. Tente usar sua percepção para tomar as atitudes de acordo com o histórico que você já tem desse estilo de cliente e aprove tudo que puder antes de colocar em prática.

Há também o sádico Ramsay Snow (Bolton) – um bastardo que conseguiu se tornar chefe da Casa Bolton e tem prazer em torturar pessoas. É aquela pessoa que nunca gosta de nada que lhe é entregue e faz questão de mostrar que você está fazendo errado, além de repetir inúmeras vezes que está pagando e por isso exige que seja de outra maneira. Nesses casos, dê sempre mais de uma opção, para que ele possa escolher e otimize o trabalho de refrações. É importante que ele sinta que houve dedicação ao projeto dele.

Quando o banco de Bravos também entra em ação, a coisa complica um pouquinho. Você mostra o projeto para o cliente, com tudo que ele pediu e resultados garantidos – mas ele é aquele que nunca quer pagar pela execução. É importante que seu serviço seja pago pelo que vale, então não tenha medo de cobrar. Também deixe claro que, com um valor menor, o resultado será proporcional. Não adianta pedir a conquista do Trono de Ferro com apenas um cavalo à disposição.

Quando você tem seu próprio negócio, é comum que acabe trabalhando mais para satisfazer seu chefe – você mesmo e os seus clientes. Porém, é preciso estabelecer limites. Seres humanos não rendem 24 horas e o ócio também é uma ferramenta de produção. Fins de semana não contam como dia útil, assim como licença médica deve ser respeitada. Grupos de conversa no celular ajudam quando é necessário resolver coisas com mais rapidez e praticidade, porém não podem se tornar um vício a ponto de precisar ficar em estado de alerta o tempo todo para qualquer demanda do cliente. Cuidado com a palavra urgente! Entenda o que ela de fato significa e não se torne escravo dela. Se não tiver um ataque surpresa no acampamento durante o sono do domingo, não é urgente.

Outro ponto importante nesse aspecto é saber quando você está prestando um atendimento e quando está se tornando babá. Isso mesmo! Às vezes, a insegurança pode fazer com que a pessoa não resolva nada sozinha e isso exige de você energia e foco que poderiam estar sendo projetados na execução de um bom trabalho com resultados positivos. Deixe claro até onde vai sua ajuda e quando o cliente deve seguir com as próprias pernas, para que você não se transforme em refém dentro do próprio castelo.

Além disso, puxe a Sansa que existe no seu cliente para o planeta Terra. Nem sempre o príncipe dos sonhos dela é o cara apaixonado, lindo e de bom coração. Caso seu cliente comece a ter ideias mirabolantes que, na execução, possuem uma série de impasses, é importante esclarecer o que dá e o que não dá certo e, mais do que isso, oferecer uma solução viável ao desafio.

Por fim, sabe quando tudo está quieto demais, aquele marasmo? Desconfie! Cuidado com o tio do Theon, o Euron Greyjoy. Ele passou um bom tempo longe, ninguém sabia de seu paradeiro. De repente, ele volta, mata o irmão, tira os dois sobrinhos da reta, vira rei e segmenta a guarda da Casa. Há pessoas que ficam sumidas por algum tempo e, de repente, aparecem para jogar um barril de coisas em cima de você. Para evitar esse tipo de situação, vá atrás, pergunte se estão precisando de alguma coisa, quais os planos dos próximos meses, marque reuniões de planejamento. Fique na ativa e acompanhe bem de perto os movimentos, para não ter surpresas.

Quando o assunto é o consumidor final, aquele que vai usar seu serviço ou produto de maneira efetiva e trará o *feedback* mais sincero possível, também é preciso ter alguns cuidados. Eventualmente, reclamações vão chegar a seus ouvidos e é preciso lidar com isso de maneira madura. Primeiro, filtrar e entender se a crítica faz sentido, se está relacionada ao uso incorreto do serviço e a uma real defasagem e, principalmente, como entregar a solução.

Tenha sempre em mente que todos desejam ser atendidos com atenção e respeito, independentemente de quem seja o culpado pelo erro. Permita que a pessoa desabafe e diga o que está sentindo, principalmente em relação às frustrações como cliente. Algumas vezes, isso será feito com certa grosseria pelo calor do momento. Nessa hora, mantenha a cabeça no lugar e saiba que "se um não quer, dois não brigam". Se você estiver seguro e com convicção do que está falando, parte do problema estará resolvida. Para isso, é necessário que tenha conhecimento do todo e seja ainda honesto quando não tiver a solução de bate-pronto – nesse caso, peça licença e busque pela resposta mais assertiva que puder.

Empatia também cabe muito bem por aqui. Colocar-se no lugar do cliente ajuda a compreender o comportamento dele. O que será que o deixou tão nervoso? Se fosse comigo, como eu gostaria de ser tratado? Parece algo óbvio, mas na hora em que você está no olho do furacão fica difícil pensar nisso tão claramente. Inspire, expire, entenda e, só aí, tome uma ação que faça sentido. Mostre para ele que vocês estão do mesmo lado e que o consumidor é também um pedaço da empresa, alguém importante para o negócio, por isso você quer oferecer o melhor que pode a ele. Assim como uma criança perdida, não deixe a pessoa desamparada, mostre que ela pode confiar e contar com você. Sabe quando você está muito doente, sentindo-se mal mesmo e vai ao médico buscando ajuda? O fato de ser bem atendido em um momento de fragilidade deixa o paciente seguro e otimista. Seja o doutor que seu cliente precisa na hora em que a dor aperta e você só terá a ganhar com sua marca e com seu trabalho. Cliente satisfeito, todo mundo fica feliz. Mas também não adianta dar remédio placebo. Cumpra aquilo que prometeu, ajude a curar a doença.

Lidar com pessoas é o desafio da humanidade desde que ela percebeu que estar em grupos era inevitável para a própria sobrevivência. Dessa forma, foram surgindo polegares opositores, desenvolvimento cerebral, comunidades, relações de poder, ideologias, conflitos de interesses, valores e tecnologia. A reação do encontro de pessoas tem gerado transformações no planeta desde a primeira escala darwiniana. Mas o desenvolvimento da linguagem adicionado ao conhecimento cada vez maior sobre tudo que envolve esse globo gigante acaba deixando as falácias mais sutis e a segmentação por valores mais óbvia. Por isso, o trabalho com o cliente não se resume a gerenciar conflitos ou encarar desafios. É preciso estar em contato com ele, entendê-lo, fazer parte de seu mundo e, dessa maneira, abrir espaço para as transformações a caminho da evolução.

O que ele espera da sua empresa? Clareza na missão é um dos tópicos. Um exemplo que pode clarificar bem a situação é o clipe "Você Não Presta", da cantora Mallu Magalhães. No vídeo, ela coloca bailarinos negros com corpos expostos dançando no segundo plano e, em determinado momento, atrás de uma grade em algum tipo de edifício. Apesar de nunca ter explanado qualquer tipo de atitude racista, as imagens mexeram com as opiniões. De um lado, pessoas que se sentiram ofendidas com a maneira como o vídeo foi feito; de outro, um público que não achou que fosse ofensivo; há ainda relatos sobre o fato de ela viver em Portugal e ter reproduzido um tipo de arte que é comum pelas ruas do país. E por aí seguem as constatações.

Porém, o que se tem de fato dentro dessa história é que o Brasil é um país onde o racismo e o contexto histórico de escravidão coloca os negros como três quartos da população mais pobre, segundo dados do IBGE atualizados em 2016, e que continuam sofrendo com entrada para as universidades, salários mais baixos e preconceito velado ou descarado. Quando uma cantora branca, de classe média alta, mesmo sem a intenção de fazê-lo, exalta os corpos afrodescendentes e os coloca sempre em segundo plano dentro de um samba, é de se esperar que haja algum tipo de reação. Existe certo ou errado? Não! Na verdade, existe uma marca falando de uma realidade da qual ela não faz parte e, dessa maneira, a conversa com o consumidor daquele produto acaba sendo revertida. O cliente quer saber seus valores e sua missão porque é isso que ele vai consumir. Uma pessoa que defende os animais provavelmente vai estudar se a sua empresa prejudica os bichos de alguma maneira antes de utilizar seus produtos e serviços. E assim por diante.

> *"O encontro de duas personalidades assemelha-se ao contato de duas substâncias químicas: se alguma reação ocorre, ambas sofrem uma transformação"*
> **Carl Jung**

Uma vez que você encontrar aquelas pessoas que estão alinhadas com aquilo em que você acredita e defende na sua marca, mantenha contato com elas. Fidelizar o cliente é um trabalho árduo, diário e de muita paciência. Antes de ter a mãe dos dragões a seus pés, um exército de Selvagens disponível e até alguns parceiros do irmão do antigo rei, Stannis Baratheon serviu no pequeno conselho do rei Robert Baratheon como Mestre dos Navios e também era Lorde de Pedra do Dragão. Após a morte de Robert, ele se declarou o herdeiro legítimo do irmão e passou a reivindicar o Trono de Ferro – Jon Snow foi chamado de bastardo muitas vezes, lutou contra colegas da própria Patrulha da Noite e chegou a ser traído, esfaqueado e morto! Mas quem tem amigos tem tudo. Ele voltou à vida, seguiu dentro dos seus valores e conquistou um a um. Como ele fez isso?

Bem, primeiro foi importante ele mostrar que estavam todos juntos, pela mesma causa e buscando as mesmas metas. Depois, ele trabalhou arduamente, sem medo de falar cara a cara com cada uma das pessoas de que precisava para fortalecer sua base. Você já parou para pensar o que ele faria se tivesse à disposição a tecnologia que temos hoje? Tudo gera dados: sua televisão Samsung coleta todas as conversas que acontecem dentro da sua casa, sua geladeira moderna sabe sua rotina alimentar e assim por diante. Aproveite o que você sabe sobre seu cliente e converse diretamente com ele, seja pelas redes sociais ou em ações *off-line* que mostrem que vocês podem ser amigos.

Métricas típicas da *internet*

As métricas também servem para avaliar a propaganda na *internet* e se o *design* da página gera o resultado esperado pelo empresário. O *marketing* virtual permite uma avaliação cada vez mais precisa da abrangência e eficácia do comércio eletrônico. Por meio das métricas (sistema de medição disponibilizado em diversos *softwares*), é possível quantificar o valor dos produtos, clientes, dos canais de distribuição e ajudar a empresa a manter o foco produtivo e nos mercados. E algumas métricas são típicas da *internet*, como cliques em *links* e número de visitações ou visualizações na página. Elas possibilitam oferecer *feedback* em tempo real da eficácia da propaganda ou produto, divulgados na *internet*. O empresário também pode avaliar a taxa de cliques – número de cliques como fração de número de exposições. Já o custo por clique (custo de propaganda dividido pelo número de cliques gerados) permite estabelecer a eficácia de custo de um comercial. Também há como medir a taxa de abandono de seus clientes (taxa de compras iniciadas que não foram finalizadas).

Fonte: Sebrae

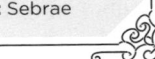

Não precisa ligar para ele todos os dias. É difícil alguém dizer, por exemplo, que adora quando a empresa de telefonia móvel fica ligando incansavelmente para oferecer promoções. Mas as pessoas gostam de ganhar vantagens dentro dos serviços que utilizam. Então, ao invés de fazer o aparelho tocar sem ao menos saber se o consumidor está em um bom momento para atender, não é melhor criar uma ação simpática, com uma imagem agradável dentro do perfil daquelas pessoas, um texto convidativo e um *link* para participar? Uma segmentação de mídia paga simples e *voilà*! Você chega até o cliente, ele gosta ou não, clica se quiser e se inscreve por livre e espontânea vontade – sem insistência, sem texto decorado do outro lado da linha. De sua parte, você só paga por aquele clique que virou conversão e fica tudo bem. Isso só para citar uma campanha básica e simples que um empreendimento de qualquer porte pode realizar.

"Pela minha experiência, os eloquentes têm razão em tudo com a mesma frequência que os imbecis"
Tyrion Lannister

Indo mais além, existem casos como o de Donald Trump, presidente dos Estados Unidos eleito em 2016. Ele contratou uma empresa de *marketing* que aplicasse a psicometria como maneira de traduzir os dados da população americana. Esse ramo da psicologia faz uma intersecção entre ciências exatas, estatísticas e comportamento, sendo bastante assertivo nas informações que fornece. O resultado foi a escolha das palavras e atitudes certas e muito bem construídas dentro do discurso do candidato, fazendo com que ele fosse parar na Casa Branca. Preferências políticas à parte, ele soube usar os dados de maneira a estar em contato com aqueles que interessavam a seu trabalho.

Há outras maneiras mais simples de manter esse contato. Primeiro, uma boa atuação digital em redes sociais – e, nesse ponto, é importante saber também onde seu público é mais significativo. Às vezes, cinco *posts* ou anúncios por semana no Facebook não funcionam tão bem quanto um deles a cada se-

7 Dicas de *e-mail marketing* para alavancar suas vendas

1) Nunca (nunca mesmo) compre lista de *e-mails*: Várias são as razões pelas quais o uso de listas de *e-mails* deve ser definitivamente abolido por empreendedores que desejam ter o *e-mail marketing* como aliado dos seus negócios. Entre elas, podemos citar que as pessoas precisam autorizar de alguma forma o envio do *e-mail*. Pois todo envio não autorizado é *spam*. Além disso, para que os objetivos sejam alcançados, seu banco de *e-mails* deve ser formado por endereços de pessoas que conheçam e se interessem pelo seu negócio.

2) Use uma ferramenta própria para o envio de *e-mails*: Um erro ainda bastante comum é o disparo de *e-mail marketing* a partir da caixa de *e-mail* do remetente. Em geral, as ferramentas próprias para uso adequado possuem um preço acessível e são fundamentais para o sucesso da ação, pois, além do formato ser profissional e transmitir mais credibilidade aos destinatários, é possível por meio delas acompanhar a ação de perto (conhecer as taxas de abertura e de rejeição, por exemplo) e mensurar os resultados de cada campanha.

3) Fique atento à frequência e à relevância: Já vimos que o excesso de *e-mails* irrita os consumidores e gera desgaste na imagem da empresa. Pior ainda se esses *e-mails* forem sobre assuntos sem relevância. Não existe uma regra para a quantidade de mensagens que pode ser enviada, mas o bom senso sugere uma a cada quinze dias ou, havendo necessidade e relevância, até uma por semana.

4) **Evite características de *spam* na sua mensagem:** Em geral, antes de serem entregues nas caixas de entrada dos destinatários, os *e-mails* são verificados pelos provedores e passam por filtros *antispam*. Neles, verificam-se aspectos que caracterizam a mensagem como *spam*, por exemplo: textos escritos na cor vermelha; uso excessivo de determinados termos, como crédito, promoção, grátis; uso exagerado de pontuação (!!!, ???); assuntos muito extensos e em caixa alta (maiúsculas).

5) **Cuidado com imagens:** Por ser um recurso visual atraente, o uso de imagens é uma prática bastante comum nos *e-mails marketing*. No entanto, para evitar problemas no disparo (e também com o direito autoral), é preciso ficar atento a alguns aspectos. Dê preferência para a utilização de imagens próprias ou de banco de imagens (gratuitas ou compradas).

6) **Seja atraente:** Todos os dias, dezenas de *e-mails* chegam às caixas de entrada dos seus clientes. Por isso, destacar-se desde o princípio é fundamental para aumentar a sua taxa de abertura, ou seja, sua linha de assunto deve ser curta e de impacto.

7) **Deixe a opção de descadastramento visível:** Mesmo que você faça tudo certinho, é possível que alguns clientes não queiram mais receber seus *e-mails*. Tenha em mente que esse é um direito deles. Por isso, é importante que o campo com a opção para o descadastramento seja bem visível.

Fonte: Sebrae

> **DEFINIÇÃO**
>
> **Transmídia** representa todo conteúdo que se sobressai a uma mídia única. Na prática, significa que as diferentes mídias transmitirão variados conteúdos para o público de forma que os meios se complementem, pois se o público utilizar somente um canal terá apenas a mensagem parcial do assunto em questão, já que a transmídia induz ao ato de contar histórias por meio de várias mídias, com um conteúdo específico para cada uma.

te dias no LinkedIn. É preciso estar atento às métricas antes de fazer chover informação nos seguidores da marca. Em seguida, o uso de *e-mail marketing* pode ser efetivo quando você sabe dosar os conteúdos e a frequência de envios. Não adianta ficar mandando pedidos de "compre meu produto" o tempo inteiro. Pode ser mais assertivo encaminhar uma promoção específica que possa interessar àquele público ou até um lembrete de que seu negócio oferece boas soluções. É importante que o contato tenha sido fornecido pelo próprio cliente e que ele possa cancelar o recebimento dos materiais na hora que quiser. Não seja um *spam*!

Ainda falando em Jon Snow, tratar todo mundo da mesma maneira é uma das características fortes dele. Não existe forte ou fraco, melhor ou pior. Mesmo conhecendo as limitações de cada um, o respeito impera e, com isso, ele consegue adequar a realidade às necessidades. Trate todos os clientes da mesma maneira, com dedicação e aceitação. E lembre-se: você nunca sabe com quem está falando e a importância que aquela pessoa pode ter caso diga qualquer coisa sobre seu negócio. Não julgue pela capa.

Monitoramento é outra ferramenta importante para o trabalho. Saber o que estão falando sobre você ajuda a definir como caminhar e trabalhar sua comunicação. Além disso, colabora na tomada de decisões. Às vezes, uma notícia que você acredita que será arrebatadora passa despercebida, enquanto outra ação simples acaba trazendo polêmicas não previstas. Fique atento às *hashtags* que levam nomes ao *Trending Topics* – nem sempre de maneira positiva –, à maneira como sua marca está aparecendo em veículos tradicionais de comunicação e, principalmente, à opinião do consumidor. No fim das contas, é ela quem define se vai dar certo ou não.

Flexibilidade também é importante. Se é possível dar um desconto em uma situação específica ou adiantar uma entrega, por que não fazer esse agrado? Trabalho cumprido com sucesso e, ainda por cima, cliente postando nas redes sociais como foi bem atendido por sua marca. Atitudes inteligentes geram credibilidade, satisfação, propaganda gratuita e lucro. Pense nisso!

Ninguém tem razão em tudo. Nem você, nem o cliente. Por isso, é preciso permitir que o diálogo flua de maneira que as partes se entendam. Seja didático se necessário, mas sem fazer com que o consumidor se sinta diminuído por não saber sobre aquele assunto. Lembre-se de que a *expertise* é sua, por isso ele escolheu contratar seu serviço. Então, tenha cuidado com a maneira de se colocar. Não seja arrogante e mantenha a posição de alguém que está ali para atender bem. Foi nos anos 1990 que mudou a forma como se assistia à televisão. Estudos do professor do Massachusetts Institute of Technology (MIT) Henry Jenkins mostraram que os adolescentes passavam a questionar o que viam e a fazer deduções instantâneas com base em observações detalhadas e orgânicas. Foi com a série "Arquivo X" que o público passou a tomar para si o que via na telinha – os fãs da série se incomodavam com erros de continuidade, questionavam, criavam fóruns para falar sobre o que estava passando. As referências à segunda tela começaram então a fazer sentido. Anos depois, o Big Brother poderia ser visto do sofá e comentado em tempo real pelo Twitter, quase como um programa à parte, porém que dava continuidade àquilo que estava acontecendo. O conceito de transmídia foi aos poucos sendo incorporado pela grande mídia, dada a necessidade que o telespectador mostrava de ser mais que alguém recebendo informações em silêncio.

O cliente, o consumidor, o público, a plateia. Seja qual for o termo pelo qual você chama o seu melhor amigo e pior inimigo no mundo dos negócios, ele quer ser ouvido. E se você se negar a fazer isso, terá acesso ao pior lado desse ser tão importante para que seu empreendimento exista. As compras mudaram de objetivo. Elas não são mais apenas "vestir uma marca", mas sim "viver uma experiência", fazer parte de uma comunidade onde o seu produto é apenas um dos personagens. Não existe protagonista em uma cultura horizontal. O consumidor passa a ser também produtor de bens e serviços. A mesma pessoa que engole todos os filmes da Netflix tem um canal no YouTube para falar sobre os longas de que mais gosta. Quanto mais uma pessoa comum passa a produzir conteúdo, mais exigente ela fica com aquilo que consome. Saiba dialogar de igual para igual.

> *"Aquilo que foi criado para se tornar instrumento de democracia direta não deve ser convertido em mecanismo de opressão simbólica"*
> **Pierre Bourdieu**

Você já ouviu sobre falácias da comunicação? Sabe quando você acusa alguém de alguma coisa e a pessoa responde, por exemplo, dizendo: "Olha sua vida! Quem é você para me dizer isso?!"? Essa pessoa está desvalorizando sua argumentação por outro tópico que não faz sentido e diminui sua experiência diante dela. Isso é uma falácia. Apenas um dos tipos que existem dentro da comunicação como um todo.

Há também mentiras inventadas com base em argumentações incorretas para desvalorizar o ponto de vista da pessoa com quem se conversa. Isso é desonesto e não ajuda a melhorar o diálogo, apenas faz com que você perca a credibilidade. Outra possibilidade enganosa é supor que dois fatos distintos sejam um a causa do outro. Khal Drogo não morreu porque Khaleesi perdeu o bebê, mas ambas as ações tiveram o mesmo desencadeador: o feitiço de uma bruxa.

Apelo emocional também é um erro na comunicação. Não use argumentos vazios e emotivos para convencer alguém do seu ponto de vista, mas sim fatos racionais e que façam sentido dentro daquele assunto.

Você poderia ficar aqui horas lendo sobre milhares de exemplos de argumentos utilizados de maneira errada para convencer alguém de algo. Não é assim que se faz comunicação. É preciso transparência, razão e credibilidade. Seja essa pessoa com seu cliente. Utilizar-se bem do tempo entre o pensamento e a ação é uma das coisas mais sábias que você pode fazer na hora de se comunicar. E a comunicação não está apenas na fala, mas nos gestos, expressões, postura e maneira como você se coloca no mundo. Cada escolha comunica. Aprenda a usar essas ferramentas e seu cliente será seu melhor aliado.

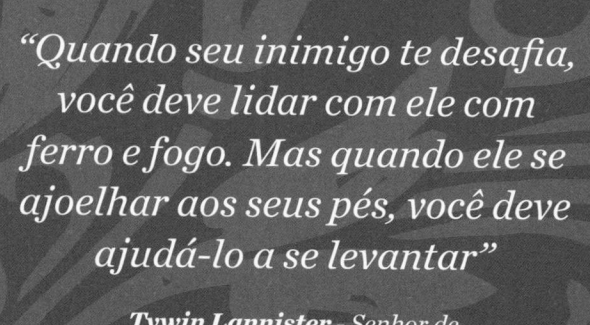

"*Quando seu inimigo te desafia, você deve lidar com ele com ferro e fogo. Mas quando ele se ajoelhar aos seus pés, você deve ajudá-lo a se levantar*"

Tywin Lannister - *Senhor de Rochedo Casterly*

Capítulo 5

PARCERIAS
Alguém me empresta os navios?

Definir o time que luta do seu lado, vestindo a camisa da sua empresa é importante. Mas não esqueça que os parceiros estratégicos são essenciais. Eles não têm necessariamente as mesmas metas que você, mas interesses que se complementam para auxiliar sua logística. As Casas Tyrell e Dorne queriam derrubar Cersei por vingança. Khaleesi e seus súditos queriam um novo reinado. Objetivos diferentes, mas que sofrem intersecção, por isso a união estratégica foi feita – não com o sucesso esperado, mas elas ajudaram de alguma maneira a fortalecer ainda mais o reinado do fogo.

Talvez pela maneira mais natural e orgânica que são realizadas, essas parcerias acabaram sendo o grande trunfo da cultura colaborativa que, como você viu no primeiro capítulo, tende a crescer e concorrer com as grandes empresas. A base desse tipo de negócio é totalmente pensada em parcerias com objetivos que se completam. Imagine, por exemplo, viajar para a França sem pagar hospedagem e, de quebra, ficar em um lar aconchegante e mobiliado. Basta entrar na ferramenta que encontra a pessoa certa para você: aquela que quer passar as férias no Brasil, nas mesmas condições. Trato feito, vocês trocam de casa durante o período determinado e todo mundo fica feliz. O exemplo é real e mostra apenas como a noção de parceria pode estruturar todo um empreendimento.

Mas é possível ir além. Quando a Uber surgiu no Brasil, em 2014, a polêmica foi certa. O novo meio de transporte alternativo barateava os custos da viagem, oferecia segurança e um aplicativo fácil de usar, sem que os motoristas precisassem pagar taxas ou comprar placa para circular com seus veículos. Os taxistas ficaram obviamente irritados com a novidade e houve muita briga. Em 2017, aplicativos como 99Taxis aderiram a uma opção mais barata de transporte dentro das plataformas, pela qual carros comuns buscam e levam seus passageiros. O mais interessante disso é que os motoristas de Uber passaram a se dividir entre os diferentes aplicativos. Uma parceria necessária para levantar bandeira branca e que, no final das contas, acabou rendendo lucro para as empresas que souberam aproveitar a situação.

O importante de uma parceria é saber que a outra pessoa não está comprando a sua briga da mesma maneira que a equipe que trabalha dentro do seu escritório. Nessas relações estratégicas, há uma troca de interesses que precisa estar clara para ambos os lados. Cuidado com as expectativas e saiba exatamente aonde seu novo parceiro quer chegar, para caminharem juntos de maneira assertiva.

Mas por que uma parceria entre empresas acaba sendo tão importante? Porque ela agrega. Simples assim. Se você consegue entregar um produto muito eficiente na vida das pessoas, mas não sabe como vendê-lo, por que não procurar alguém que já o faça bem no mercado para que, juntos, vocês possam tirar bons lucros? Esse é apenas um dos exemplos de que adicionar outros empreendimentos à sua agenda empresarial pode funcionar.

A artista Amanda Palmer entendeu tão bem a importância em ter aliados que ajudem com aquilo que não possui que viveu essa experiência da maneira mais profunda e intensa que poderia e lançou o livro "A Arte de Pedir (ou como eu aprendi a não me preocupar mais e deixar as pessoas ajudarem)" para contá-la. É preciso entender que ninguém é onipotente, onipresente e onisciente. Mesmo Cersei, que derrama arrogância e autossuficiência por onde passa, contou com a parceria de um doutor não muito ético – que trocou a lealdade pela oportunidade de fazer suas experiências com seres humanos dentro do castelo – e de seu irmão e amante, Jaime. Assumir que precisa de ajuda e, principalmente, que não detém todas as habilidades torna-se uma ferramenta inteligente de crescimento.

Amanda começou como estátua viva nas ruas norte-americanas e acabou em grandes palcos da música. Ela aprendeu rapidamente a conversar com as pessoas e como torná-las parceiras do seu projeto. O sucesso foi tão grande que, pioneira da estratégia de financiamento coletivo, a cantora-autora conseguiu 1,2 milhão de dólares para lançar seu disco solo. Um tópico importante é que ela só havia pedido 100 mil dólares dentro da campanha. O segredo? Apenas a boa e transparente comunicação. A artista é o tipo de pessoa que, antes de se inscrever no Facebook, anotava o nome e *e-mail* de quem dizia gostar de seu trabalho, abria seu coração no Twitter, dava conselhos para os fãs que a procuravam, se jogava no público e visitava pessoas desconhecidas no hospital.

"Pedir é um ato de intimidade e confiança. Mendigar é uma função do medo, desespero ou fraqueza"
Amanda Palmer, artista e autora do livro "A Arte de Pedir"

Sem perceber, ela formou uma rede de agregados que iam além da admiração por suas músicas. Eram verdadeiros melhores amigos em toda parte do mundo. Eles podiam nunca ter se visto pessoalmente, mas sabiam que podiam contar uns com os outros dentro e fora daquele universo. Foi assim que conseguiu fazer *shows* diferentes em várias cidades – ela oferecia pequenas experiências únicas para o parceiro que trouxesse hospedagem à banda –, entre outras conquistas.

No fim das contas, a parceria nada mais é do que um casamento baseado em confiança e respeito mútuos, inclusive pelos valores individuais. Amanda fala sobre a culpa de pedir e o quanto isso pode nos boicotar. Se é honesto, não há por que não solicitar. A outra parte sempre pode dizer sim ou não. Outra lição que ela ensina é que nem sempre a pessoa que ajuda quer algo em troca, e o ser humano precisa aprender a conviver com isso.

De maneira simplista, o ego é o centro da personalidade humana. Nem bom, nem ruim, ele é apenas o ponto zero da consciência de cada um, a maneira como você se enxerga. O problema todo não é o ego, mas a forma como uma pessoa reage quando sente que está ameaçada. A linha entre autoconfiança e arrogância é tênue, e não observá-la leva a pessoa ao risco de perder seus parceiros. Não se trata de abaixar a cabeça e se fazer de vítima ou ser passivo. Mas sim de entender quando dar e quando receber. Em uma parceria, as duas coisas são importantes.

Outro aspecto que deve ser observado é quando um dos lados do acordo resolve tratar o outro como alguém que deve obedecer a ordens. Você já se deparou com aquela pessoa que, por pagar por algum serviço ou doar algo dentro da parceria, confunde as coisas? Geralmente, essa pessoa vai listar tudo que você deve fazer para que ela possa crescer, sem se preocupar exatamente com a parte dela no acordo. Opressora e mimada, ela acaba sendo uma grande pedra no sapato que, ao invés de fazer o negócio fluir, acaba estagnando os processos para os dois lados, já que um apenas dá ordens e o outro fica sobrecarregado.

Posicione-se! Contratos são extremamente importantes dentro de qualquer parceria, com a definição clara do escopo, qual a função de cada um, o que ambos ganham com a união e a logística. Detalhar tudo isso pode parecer exagero na hora de uma reunião amigável, onde todo mundo sorri. Mas, acredite, o mundo dos negócios é agressivo e vai engolir você se não tiver tudo no papel. Proteja-se com o auxílio do seu setor jurídico e debata todos os tópicos para que tudo que venha a ser pedido ou discutido depois tenha respaldo oficial.

Os detalhes vão evitar que a parceria se transforme em uma torre de Babel sangrenta, como foi a relação entre Lannister e Tyrell. No fim das contas, todo mundo acabou a sete palmos abaixo da terra. E, por mais que Cersei tenha sobrevivido, ela perdeu aquilo que mais amava: seus filhos. Dados os devidos contextos, não deixe seus projetos serem enterrados pela falta de cuidado na hora de colocar os pingos nos "is".

Autoconhecimento e negócios andam lado a lado. Quando você entende quem é na essência, fica mais fácil entender o que vem de fora e precisa de atenção, e o que, de fato, é uma falha ou característica sua que acaba atrapalhando aquela relação criada.

Mormont, Manderly, Glover e Cerwyn são apenas algumas das Casas que mantiveram Jon Snow como rei do Norte. Claro que o momento crucial para a conquista foi a aliança com a Casa Arryn e a ajuda de Petyr Baelish. Até aí, tudo certo. Qual o erro dessa ação? A verdade é que "Mindinho" já possui um histórico de uniões e traições não muito confiável. Outro ponto importante é que ninguém sabe o que ele realmente quer, nem Sansa – por quem se diz apaixonado. Aliás, até a quase inocente moça Stark ele tem sido capaz de enganar friamente.

"O ego é um subproduto social. A sociedade está interessada em dar-te um ego que se ajuste a ela"

Osho

Antes de assinar um acordo com qualquer empresa ou pessoa, procure seu histórico. Saiba o que ela já fez, converse com os seus clientes e entenda bem a missão, visão e valores daquele empreendedor que agora vai caminhar com você. Ao mesmo tempo, seja capaz de filtrar quando uma pessoa está delatando um fato ou colocando um juízo de valor devido às suas frustrações projetadas. Se você vai se aliar a uma agência, por exemplo, e um ex-cliente diz que o trabalho não era bom, saiba observar os fatos por trás dessa colocação. Às vezes, o acordo não fluiu por algo específico que não está sendo dito. Antes de julgar para o mal ou para o bem, é sempre importante oferecer o benefício da dúvida.

Os acordos da mãe dos dragões em Meereen também são exemplos de que deixar passar pequenas coisas pode fazer com que a situação saia de controle e vire uma bola de neve. Quando tomou a cidade, na ansiedade por quebrar correntes, ela esqueceu que a guerra dos tronos é, antes de qualquer coisa, um jogo. Direto ao ponto, não percebeu que mudar tradições às vezes é mais difícil do que parece, mesmo que por uma boa causa. Virou o jogo quando percebeu que novas parcerias seriam importantes estrategicamente. Tentou realizá-las de maneiras diferentes – do quase casamento com um membro pertencente aos Filhos da Harpia até reabrir a arena de jogos. Ainda assim, com dificuldades, ela encontrou o caminho certo quando fez de uma nova escravidão a parceria mais inesperada e bem armada que poderia: agora ela tinha todo o exército Dothraki disposto a seguir em sua guerra. Voltou vitoriosa e seguiu para Westeros.

"Se você quiser realmente saber quem é uma pessoa não vá perguntar nem aos parentes nem aos concorrentes"
O Poder da Mensagem *(Volume II), Hélio Ribeiro*

Nem sempre você vai acertar. Mesmo estando muito bem armado juridicamente e conhecendo bem seu parceiro, às vezes o relacionamento simplesmente não dá certo. Sabe Brad Pitt e Angelina Jolie? Não parecia nada errado, mas eles só não eram compatíveis. Não rolou. E está tudo bem. Siga em frente tendo em vista que cada erro é um aprendizado pronto para ajudá-lo no próximo passo. E o próximo passo pode ser algo que você nem imagina. Foi no fim dos anos 1970 que um motorista de táxi tailandês ofereceu uma bebida para mandar o cansaço embora ao austríaco Dietrich Mateschitz. Três anos e muita perseverança depois para conseguir a licença de fabricação, Mateschitz era dono da Red Bull. Da mesma maneira, a Coca-Cola surgiu de algo que não se imaginava. Enquanto o farmacêutico John Pemberton procurava por um novo remédio que combatesse a dor de cabeça, nem pensou que a marca que surgira dali viraria uma verdadeira febre em todo o planeta. O medicamento não funcionou, mas foi vendido até parar nas mãos do empresário Asa Griggs Candler, que fez uma publicidade agressiva e ganhou o mundo.

Ponto em comum entre ambos os casos é que um produto foi identificado como genial e comprado por grandes empresários que o embalaram, divulgaram e venderam. Onde está o erro? Você não acha que Pemberton estaria bem melhor se tivesse se associado ao investidor ao invés de simplesmente ceder sua invenção por alguns mil dólares? Fique atento às oportunidades que os seus serviços geram em torno de você, mas não seja ingênuo. Quando se fala em parceria, ela se traduz em um relacionamento em que todos os lados ganham juntos e é por isso que eles se unem. Não tem problema você precisar de alguém para vender a Coca-Cola que você tem guardada no porão de casa. Mas o sucesso de quem vende precisa ser o mesmo de quem produz. Cuidado para não cair na ladainha de Mark Zuckerberg e acabar ficando sem os seus direitos pelo Facebook.

Pois é! A rede social foi criada em parceria com o então amigo brasileiro Eduardo Saverin. Segundo a história, após um papo com o cofundador do Napster, Sean Parker, que na época ia muito bem de vida, Zuckerberg foi incentivado a tirar o colega de cena na prospecção dos ganhos que viriam a partir dali com a plataforma. Há quem defenda que ele não seria capaz disso e que o corte foi feito por divergências de opinião em relação ao trabalho. Há ainda um suposto *e-mail* entre o rei das redes sociais e seu advogado que provaria que ele não era nada inocente. Verdades pela metade, fatos velados. A realidade é que, tenha feito isso ou não, seus lucros propiciaram-lhe ser a pessoa que mais ganhou dinheiro no mundo em 2017, segundo pesquisa da Bloomberg (divulgada pela CNN Money). Não é exagero! Pode considerar nessa conta um bilhão de dólares em apenas um dia. Com certeza, é mais do que Saverin tem ganhado.

"As pessoas aprendem a amar as correntes que as prendem"
Daenerys Targaryen

Antes de uma parceria fluir, é preciso entender sobre as culturas organizacionais que envolvem todas as partes. Se elas forem muito discrepantes, existem possibilidades grandes de não dar certo. Existe ainda a questão de como isso afeta o público final. Se você possui uma linha de alimentos veganos e se associa a uma empresa envolvida com criação de gado para corte, por exemplo, vai perder a credibilidade com seu consumidor. Existe ainda uma necessidade de proteção um pouco mais subjetiva, sobre a chamada propriedade intelectual. Se o serviço ou produto tiver a ver com uma ideia, algo que não esteja materializado, estabeleça regras para o uso e proteção das informações. Planejamento criado com ambas as partes e seguido à risca é a premissa do bom resultado e felicidade para todo mundo.

Na hora de detalhar a parceria, não deixe passar em branco sua própria estratégia. Tenha em mãos o plano de negócios da sua empresa para ter certeza de que está tudo alinhado e de acordo, que uma ação não interfere no caminho da outra. Lembre-se: o objetivo de assinar esse contrato é para obter crescimento, e não obstáculos. Mesmo com tudo isso em mãos, o conflito sempre vai existir de uma maneira ou de outra. Por isso, proteja-se o máximo que puder de futuros desafios, não dê um tiro no próprio pé.

Khaleesi é uma grande nova empreendedora. Saiu do zero para ser favorita na guerra dos tronos. Mas é claro que não fez isso sozinha – como já dissemos outras vezes. Mas aqui, além de quebrar correntes e dar à luz três dragões, ela trouxe para perto pessoas que investiram o que tinham nela. Mas elas não fizeram isso por pura bondade. Cada uma das pessoas que apoia a platinada tem seu porquê. Seja um ato de vingança em relação ao mandato principal, um desejo antigo de ver um novo tipo de governo imperando nos Sete Reinos ou até por simples admiração e proteção pessoal, ela oferece a todos algo em troca.

Quando você está começando seu empreendimento e traz alguém para colocar dinheiro ou força de trabalho nele, é importante esclarecer o que essa pessoa leva em troca e os riscos que ela corre. Quanto maior a expectativa, maiores são as chances de frustração. Por isso, trabalhe com a realidade. Não prometa novos dragões se você só tiver três. Prometa apenas o que eles podem conquistar efetivamente com as chamas que soltam e lembre-se de que todos são suscetíveis aos caminhos que eles tomam, uma vez que são livres. Ou seja, até onde você pode realmente domá-los e garantir sua chegada triunfal pelos ares, no meio de uma guerra contra o exército dos Caminhantes Brancos?

Planilhas, mais planilhas e contratos! Expectativas alinhadas, o que é de cada um bem desenhado e mão na massa. Também não vale pegar os navios que

Coloque em prática

PARCERIAS COM FORNECEDORES

Quanto mais organizado e preparado estiver o empreendedor, maior será a probabilidade de obter melhores condições. Ao negociar, deve-se:

- **Ter objetivos de prazo e desconto previamente fixados.** O empreendedor planejou, estabeleceu a demanda, calculou os custos, etc. E, por isso, tem a previsão dos números;
- **Buscar criar clima amistoso.** A situação não é de confronto, e sim de parceria;
- **Reduzir as reações verbais.** Obstáculos verbalizados não devem ser destacados. O foco deve estar nos objetivos e vantagens para o fornecedor, quais sejam: aumento da experimentação do produto ou serviço, incremento de vendas, aumento de participação de mercado, possibilidade de melhoria do lucro absoluto, mais credibilidade junto ao empreendedor e consumidor final, maior amplitude na divulgação;
- **Responder depois de ouvir.** Quem ouve mais, detém o controle da negociação;

Sintetizando, o processo de negociação de volumes, prazos e descontos deve ser encarado como um momento solene e vital. O empreendedor deve dedicar a ele toda atenção, em virtude de sua importância para o sucesso da ação promocional conjunta.

Fonte: Sebrae

o pessoal das Ilhas de Ferro ofereceu a preço de sangue e deixar todos parados na costa. Navegue com segurança, mapa na mão e espaço para trazer o ouro do investidor de volta.

O primeiro passo sempre se dá traçando objetivos e prazos. É o mínimo para que uma relação funcione. Não se esqueça também de definir porcentagens de ganhos, de perdas e de vendas futuras do negócio, além de hierarquia no quesito decisões conjuntas e majoritárias.

Claro que nada é estático, mas é preciso que a organização básica esteja acertada e desenhada, inclusive prevendo possíveis alterações no caminho, mas sem prejudicar o investimento de um e o lucro de outro. Se ambos optaram pela parceria, é porque as duas organizações possuem pontos em comum e metas de alcance. Resumindo, estão do mesmo lado da operação e devem se olhar dessa maneira. Não é uma competição, mas sim uma união de forças. Tyrion Lannister quer ver Khaleesi reinar, mas precisa pensar no que acontece se ela for morta pelo inimigo.

Foco, foco e mais foco. Agredir o outro, utilizar-se de falácias e tentar tirar vantagens além das acordadas durante a parceria não ajuda a chegar a lugar algum.

Comunicar bem não é apenas dizer o que precisa ser dito da maneira certa e clara. Ouvir é tão ou mais importante que falar. Escutar de verdade, e não apenas fazer de conta. Você não precisa responder sempre a tudo que outra pessoa diz. Sabe quando está na mesa do bar com um amigo, tentando contar sua história, mas ele interrompe a todo momento com algo que aconteceu na vida dele? Isso parece mais um diálogo ou dois monólogos disputando espaço?

A mente das pessoas pode colocá-las em grandes armadilhas. Isso porque é muito difícil concentrá-la única e exclusivamente no momento presente. Agora, por exemplo, enquanto você lê este livro, pode estar acessando memórias ou preocupado com o que vai fazer no minuto seguinte. Isso porque, em algum momento do desenvolvimento humano, o cérebro – leigamente falando – ficou hiperativo a ponto de estar sempre entre a culpa do passado e a ansiedade

> **PARA REFLETIR!**
>
> "Mãe vai com o filhinho pequeno ao supermercado... compra lá umas mortadelas e tal... tudo certo. Aí o garotinho, que já tem quatro bolas em casa, resolve que quer que a mãe compre mais uma bola. A mãe não quer comprar, porque sabe que ele não precisa. Tenta explicar e o baixinho faz que não entende. Olha pra mãe e... começa a chorar. A mãe acaba comprando a bola.
>
> O que o garotinho de cinco anos fez foi apenas jogar com as **emoções** da mãe. Na sua santa inocência, ele sabe que a mãe não quer ficar envergonhada, na frente das outras pessoas, e que ela sempre vai fazer o que ele quer, mesmo que ela não queira.
>
> Se um garotinho de cinco anos pode fazer isso, imagine gente treinada para jogar com suas emoções. Os camaradas descobrem seu ponto fraco e usam essa arma sempre que querem que você aja desta ou daquela maneira.
>
> Se bem que cada caso é um caso, não permita que usem você. Que você seja ligado e desligado como uma máquina. Quando você perceber que alguém está usando algum expediente destes para conseguir de você alguma reação... não reaja. Pare para pensar. Peça um tempo. Diga, por exemplo: Dá pra gente conversar isso depois?
>
> Agir é fazer aquilo que você quer. Reagir é fazer aquilo que os outros querem que você faça."
>
> **O Poder da Mensagem**, Volume II (Hélio Ribeiro)

pelo futuro. Nesse passeio mental contínuo, responda: você está aqui e agora? Consegue observar com 100% de entrega cada pedaço deste exato momento?

    Uma conversa rende muito mais quando, de fato, você escuta o que vem do outro. Ouve com olho no olho, presta atenção, filtra, entende e então processa uma resposta – caso ela seja necessária. Um bom exercício para conseguir trazer a mente para o momento presente é a respiração. Concentrar sua atenção nela ajuda a relaxar e esvaziar a cabeça para abrir os olhos ao mundo em volta. Exercícios de meditação e ioga são conhecidos por auxiliar nessa difícil empreitada. Os resultados positivos são consequências claras quando se está atento ao que acontece com total entrega.

Atuar dessa maneira é importante não apenas em reuniões ou momentos de discutir planejamento e futuro, mas principalmente na hora de receber e dar um *feedback*. Em relações de parceria, relatórios de entrega de resultados ajudam a traçar os próximos passos e a entender o desempenho dos projetos, de onde vêm e para onde vão.

Nesse tópico, entra a importância de ouvir. Muita gente ouve *feedback* como uma afronta, e não como oportunidade de construção. Fato é que, muitas vezes, esse retorno vem mesmo de maneira agressiva e é comunicado incorretamente. Mas se você estiver conectado ao momento por inteiro, vai ficar mais fácil tirar das entrelinhas aquilo que precisa ser mudado e o que necessariamente merece uma defesa. Com a mente relaxada e consciente, é possível inclusive traçar essa defesa de maneira bastante didática e clara, para que tudo fique acertado da melhor maneira para todos os envolvidos.

> *"A meditação transforma emoções negativas, como raiva, ganância e ódio, em compaixão e harmonia. O silêncio é muito importante na nossa vida. É a mãe da criatividade. Aumenta a sua energia"*
> **Sri Sri Ravi Shankar**

Assumir um erro ou uma falha não faz de você mais fraco. Pelo contrário. Quando você admite de maneira segura que cometeu um engano e que já está trabalhando na resolução, sem buscar culpados, e sim soluções, você ganha admiração do outro e impede que ele faça ataques que possam abalar a equipe de maneira emocional ou prejudiquem o andamento do trabalho por conta de um clima tenso entre as partes. Melisandre interpretou incorretamente as instruções do Senhor da Luz por diversas vezes, trazendo consequências perigosas para aqueles que a seguiam cegamente – outro erro, claro. Precisou baixar a cabeça, pedir ajuda e se redimir. No fim das contas, trouxe Jon Snow de volta à vida, ganhou um teto e uma equipe para fazer parte.

"Steve e eu somos muito diferentes em aspectos de gestão e sobre como encarar a vida. Mas temos coisas em comum: somos bons em recrutar pessoas e hiperativos. Além disso, trabalhamos à exaustão. Todas são características essenciais a qualquer empreendedor"

Bill Gates

Arya Stark começou como uma menina que queria manejar a espada, mas terminou como uma adolescente impulsiva, brutal e convicta de seus valores de maneira intocável. Se for pensar o lado da concentração, a não desistência e a conexão com as lições de maneira a ser precisa nas atitudes, ela é um ótimo exemplo a ser seguido. Porém, peca pela inflexibilidade. Arya consegue conectar-se com o presente de forma invejável, mas acabou incapaz de ouvir o outro lado da história. Para ela, as provas são sempre incontestáveis, e seu sangue justiceiro acaba não levando outras variáveis em consideração. Você não gostaria de ter um parceiro como ela na hora de dar um *feedback*, certo? Portanto, não seja essa pessoa também. Necessário ressaltar ainda que é preciso saber receber, mas também dar esses *feedbacks*. Comece lembrando que um "valeu, cara!" é diferente do retorno positivo. Seja claro quando for falar e sempre acompanhe seu ponto com argumentações válidas e concretas. Não seja subjetivo, principalmente porque o intuito dessa ação é melhorar o desenvolvimento do trabalho, e não criticar gratuitamente ou humilhar alguém.

Obviamente, um *report* objetivo – relatório objetivo – depende de metas e tópicos de avaliações e objetivos. Por isso, preste atenção se a parceria de vocês possui isso bem claro. Dar vazão à interpretação do *feedback* acaba sendo um desserviço à empresa, já que uma frase pode ser lida de maneira completamente diferente da intenção que ela carrega. Avaliações de desempenho pré-desenvolvidas pelo setor de Recursos Humanos são uma boa saída. Elas são igualmente aplicadas a todos, possuem os pontos mais relevantes para a empresa na hora da avaliação e podem ser calculadas matematicamente.

E quando seu melhor parceiro é seu inimigo? Saber do que Cersei é capaz faz com que Khaleesi seja o que ela é e desenvolva novas habilidades e raciocínios lógicos para enfrentar a concorrência. Quando um casal apaixonado começa a brigar e se separa, existe uma evolução. Tudo aquilo que se aprendeu durante o relacionamento vai ser usado no próximo de alguma maneira – seja para agir igual ou de maneira totalmente inversa àquilo que se fazia antes.

"Bill (Gates) basicamente não tem imaginação e nunca inventou nada, e acho que é por isso que ele se sente mais confortável fazendo filantropia do que no mercado de tecnologia. Ele apenas roubava as ideias dos outros, sem vergonha alguma"

Steve Jobs, *na biografia oficial escrita por Walter Isaacson*

Quem ouve a bela declaração do pai da IBM em homenagem ao pai da Apple nem pensa que, na verdade, a parceria deles foi uma luta contínua de egos. De acordo com o filme biográfico *"Pirates of Silicon Valley"*, de 1999, a relação estava mais para uma competição – da qual, claro, o único vencedor foi o público, que acabou usufruindo dos avanços que saíram da batalha. A história conta que o *hippie* Steve Jobs lançou seu Apple II em 1977 em uma pequena feira de informática e esnobou Bill Gates, que estava ali apenas para observar e ainda não havia entrado de cabeça nesse mundo. Nos anos 1980, Gates entrou para a disputa com a sua nova IBM. Desenvolveu um *hardware*, comprou o sistema operacional da Microsoft e estreou o IBM PC. Mas ainda faltava *design*.

Na luta para ser o melhor, Jobs trouxe da Xerox (o que alguns também chamam de roubo intelectual) a ideia do *mouse*. A defesa diz que a empresa supostamente afanada tinha um ótimo conceito, mas não sabia como aplicá-lo, e foi aí que o jovem empreendedor entrou, materializou e vendeu.

Se você prestar bastante atenção, a relação entre os dois homens que consolidaram a informática não deixa de ser uma parceria. Excêntrica e em forma de rivalidade, é fato. Mas sempre houve certa cumplicidade acrescida de admiração mútua, que os fizeram querer ser melhores um que o outro durante toda uma história. O fim desse roteiro é claro: todo mundo passou a ter acesso largo à informação e à tecnologia a partir do momento em que o computador individual começou a ser peça obrigatória nas mesas de escritório e de casa.

Mais do que isso! Chega-se a um ponto em que esses computadores estão na palma da mão, via *mobile*, com informações jogadas na nuvem o tempo inteiro e gerando esse enorme banco de dados que permite ao seu negócio estar mais perto do possível cliente. Aliás, uma grande parte dos novos negócios só existe porque a *internet* nasceu e se tornou acessível.

O celular se transformou praticamente em uma continuação do cérebro para fora do corpo, um tipo de exocérebro que já vem com busca pronta para qualquer dúvida que você tenha e com acesso rápido a qualquer resposta pelo simples comando "Ok Google". Se você parar para pensar, a nuvem possui mais memórias suas e com maior riqueza de detalhes do que você mesmo pode organicamente lembrar. Neste ponto, peço licença ao Game of Thrones para citar a frase que já é jargão e realidade: "Isso é muito Black Mirror".

Você se comunica com *emojis* para expressar emoções, pensa em memes na hora de responder às pessoas e carrega sua segunda tela para qualquer ambiente, acessando-a no meio de uma reunião, uma aula, uma festa ou uma conversa.

Compartilhar ganhou novo conceito, e a exposição aprovada com *Likes* é rotina. O computador pessoal que levou milhões de dólares ao bolso desses dois homens foi ainda além de uma disputa de egos inicial, ela sofreu mutação e passou a ser uma das parcerias – feita às avessas, é fato – que mais mudaram a história da sua vida.

Com o Vale do Silício cada vez mais ativo e ideias brotando de todos os lados neste exato momento, as inovações não param. Elas vão além da capacidade que as pessoas em geral têm para acompanhar em tempo real o que acontece, e as parcerias de *startups* com grandes empresas tornam-se cada vez mais um negócio mais lucrativo para ambas. No Brasil, em 2017, a Associação Brasileira de Startups (ABS) já possuía 4,6 mil *startups* filiadas. Tanto que o 7º Congresso Brasileiro de Inovação da Indústria abordou o assunto em evento do Sebrae com a Confederação Nacional da Indústria.

Um dos importantes tópicos abordados foi sobre a necessidade de se reinventar. Empresas já consolidadas no mercado acabam se vendo muitas vezes ameaçadas por revoluções que acontecem diariamente. Transforme a suposta ameaça em oportunidade.

Em um dia, o Snapchat vale alguns bilhões e nega sua venda para o Facebook. No outro, todas as redes sociais que Zuckerberg comanda possuem a mesma função de pequenos *posts* que duram apenas 24 horas. Não foi sucesso no próprio Facebook ou no WhatsApp. Mesmo assim, o Instagram cresce com a opção Stories, e o Snapchat vira um aplicativo lado B. Será que essa história poderia ter sido diferente? Difícil dizer. A verdade é que competir com a pessoa que fundou uma das maiores redes sociais em todo o planeta não é fácil.

Renovar-se, estar à frente da concorrência e o mais próximo possível do público final é o diferencial para ter sucesso em um universo tão plástico e ágil, onde serviços e produtos podem se tornar descartáveis com facilidade. Durante o mesmo evento, a Microsoft se pronunciou dizendo que capacita crianças de seis a quinze anos com acesso à tecnologia de maneira gratuita, além de fazer doações para as escolas. Não basta gerar um produto que as pessoas não tenham capacidade para consumir, porque ele obviamente não vai vender. Nesse caso, parcerias em capacitação são, realmente, uma boa ideia. Sem tirar da empresa os créditos por ajudar a qualificar crianças e adolescentes que vão entrar para o mercado de trabalho com mais conhecimentos, a matemática é simples: uma pessoa que entende a importância de um serviço e como ele pode auxiliar sua vida vai comprá-lo e usá-lo.

Se não fosse o silencioso Eunuco da história, Sir Varys, talvez alguns personagens já tivessem ido dessa para uma melhor – incluindo Sansa e Tyrion.

O mundo está cada vez mais conectado. Conecte-se a si mesmo, entenda seus valores e, em seguida, descubra em torno de si quem está apto a compartilhar com você a mesma missão, mesmo que com metas diferentes. O caminho precisa ser pensado e percorrido com calma, paciência e pessoas que possam auxiliar caso você não enxergue alguma pedra, a chamada equipe. Mas, além dessas pessoas, às vezes você vai precisar comprar cavalos e carruagens de alguém para otimizar seus passos rumo ao *gran finale*.

> *"Ações sociais são vistas por alguns indivíduos como algo ineficaz, pois você gasta dinheiro com as pessoas e nem sempre elas se desenvolvem. Os fundos de investimento de capital de risco funcionam exatamente da mesma forma. Seu porcentual de acerto é patético. É menor que o nosso [referindo-se à Fundação Bill e Melinda Gates]. Claro, às vezes os investimentos deles são o primeiro passo para a criação de um Google, por exemplo. Mas nós criamos muito mais 'pessoas Google' do que eles"*
>
> **Bill Gates**

Lembre-se, porém, de que trabalhar com parceiros significa abrir mão de algum controle. Ajoelhar-se à rainha Targaryen pode ser o início de uma jornada produtiva e é preciso estar pronto para engolir o orgulho nesse momento. Entender suas forças e fraquezas também é essencial para que o trabalho possa fluir. Lembra-se da análise SWOT mencionada no capítulo dois? Ali tem uma ferramenta que pode agregar muito nesse quesito.

Além do contrato definindo escopo, prazos e o que é de cada um, o código de ética deve se fazer valer. O que falar, como falar e quando falar. Tipos de brindes que a empresa aceita dos clientes e valores, maneiras de realizar comunicados oficiais, entre outros pontos que interferem na forma de agir internamente são importantes e devem estar alinhados.

Paciência, confiança, *feedback* e celebração. Permita a si mesmo e ao parceiro festejarem juntos pelas metas alcançadas. É o tipo de coisa que motiva a equipe como um todo e deixa os laços entre vocês ainda mais fortes.

Navios prontos para sair do porto? Estamos chegando a Westeros!

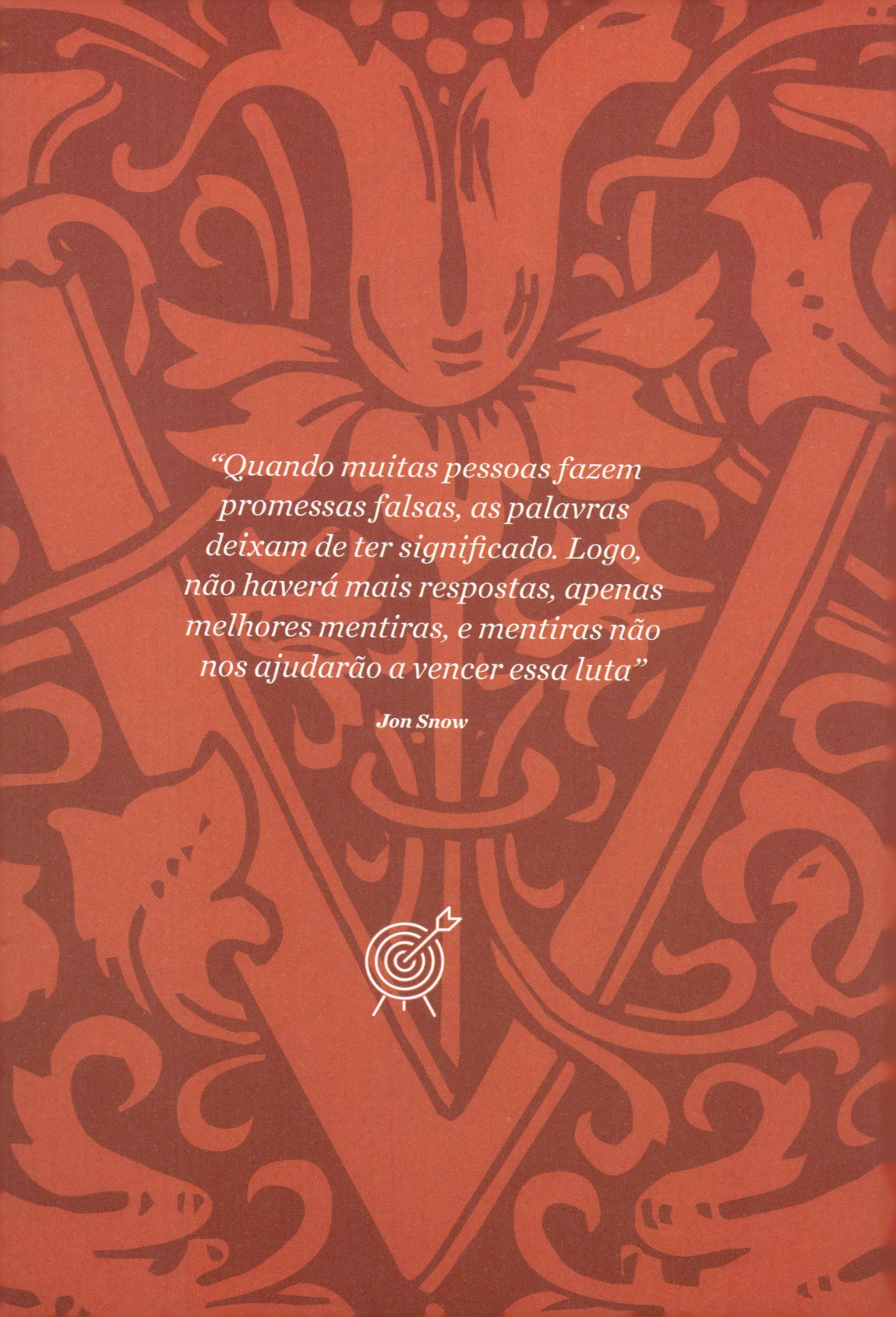

"Quando muitas pessoas fazem promessas falsas, as palavras deixam de ter significado. Logo, não haverá mais respostas, apenas melhores mentiras, e mentiras não nos ajudarão a vencer essa luta"

Jon Snow

Capítulo 6

COMUNICAÇÃO
Sua hora chegou, o trono é seu!

ocê chegou ao Trono de Ferro. Parabéns! Missão concluída com sucesso. Como está se sentindo neste salão gigante? Chegou a hora de ser feliz para sempre, certo? Não é bem assim, na verdade. Toda sua pré-produção, planejamentos e aprendizados para lidar com pessoas agora serão observados na prática. É chegada a hora de executar, de colocar todo mundo para arregaçar as mangas e ver o ouro tomando conta do reinado.

Seu produto ou serviço está pronto para ganhar o mundo. Você sabe que o que tem a oferecer funciona, fez as parcerias corretas e entendeu exatamente onde está o público que você deseja atingir, além de saber lidar com os conflitos e divergências que podem surgir a partir daí. Já começou a circular no mercado e precisa enfrentar o desafio de comunicar ao globo que possui dragões.

Comece seu plano com uma nuvem de relacionamentos feito à mão, a partir de um *brainstorming* de equipe. De frente para ela e olhando para o todo, você consegue aos poucos destrinchar mercados a atacar com mais força, opinião que as pessoas possuem de você e se ela está condizente com sua missão, visão e valores, entre outros tópicos.

Tyrion Lannister

Jorah Mormont

Dragões

Khal Drogo

Jon Snow

Platinada

Daenerys Targaryen

Sul

Filhos da Harpia

Cuidado com os mais pobres

Khaaleesi

Meereen

Dothraki

Rei Louco

Fim da escravidão

Crucificação de pessoas

Casa Targaryen

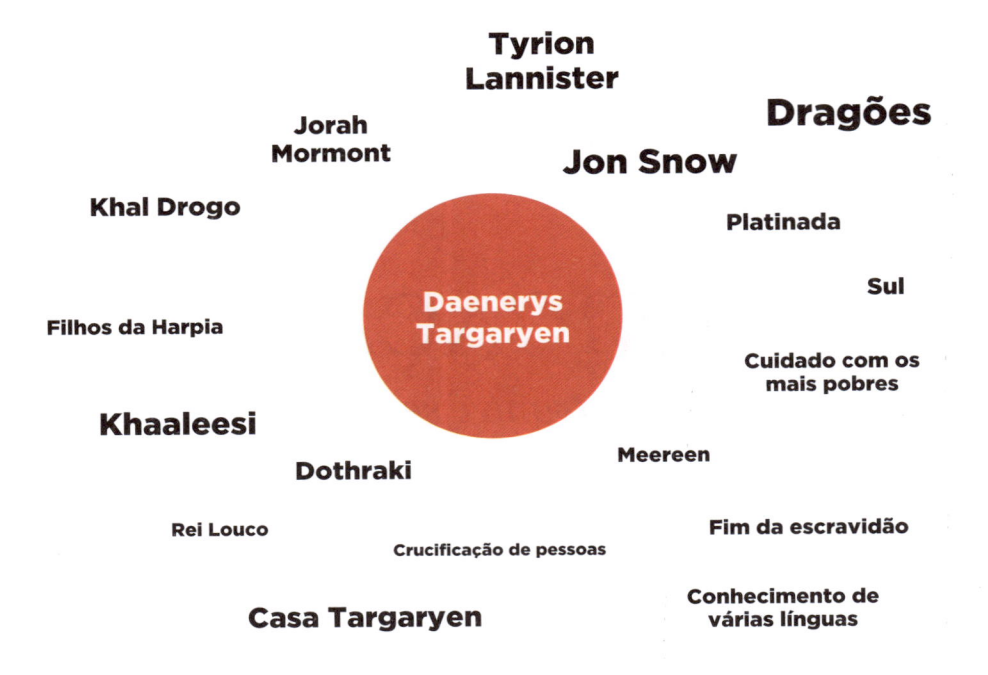

Conhecimento de várias línguas

No exercício acima, você liga palavras, características, parceiros, lugares e o que mais estiver associado à sua marca, dando a cada um desses tópicos o peso que enxerga dentro do negócio. Você pode perceber que alguns termos do exemplo, como dragões, Jon Snow e fim da escravidão, estão em destaques maiores, por serem bastante comentados quando Daenerys Targaryen é citada e por estarem mais presentes na história que foi construída. Ter essa percepção do tamanho de cada coisa relacionada ao que você faz é importante para pensar o planejamento interno. Imaginando a mãe dos dragões como uma empresa e tendo esse *brainstorming* intuitivo feito na sua sala de reuniões, é possível pensar, por exemplo, que tipo de veículos de comunicação se interessariam pela história de dar vida aos animais voadores. Por outro lado, como fazer com que as pessoas não carreguem para a imagem de Khaleesi as percepções ruins que tinham de seu pai, o Rei Louco? – o décimo sétimo e último membro da Casa Targaryen a se sentar no Trono de Ferro, mas que foi marcado por um fim de crueldade e insanidade. Cada pedacinho da nuvem é um braço que pode ser ou não utilizado na hora de planejar a rotina da empresa e as estratégias de comunicação do produto ou serviço final.

Antes da concepção da *internet*, a mensagem de um empreendimento tinha apenas poucos e grandes canais para ser transmitida, com um impacto que limitava-se em seus próprios formatos e fazendo da marca a mensagem em si. Quando a rede começa a ser acessível a todo mundo, os canais se multiplicam e mudam as métricas relacionadas ao tamanho deles. Sabe-se que a televisão tem um bom alcance, mas o Ibope ainda é uma ferramenta falha e o veículo não é tão assertivo no custo por conversão a partir da publicidade. Ou seja, se você paga por um espaço de propaganda, você não consegue medir quantas pessoas compararam seu produto por conta daquela veiculação e, assim, ter uma média de quanto gastou por cabeça. Com a segmentação de mídia digital, você mede exatamente quem vai atingir, quanto custa cada conversão e quanto tempo precisa para chegar a seus objetivos.

Além disso, a nova era trouxe uma lógica de disseminação diferente da tradicional, em que interações são a grande arma secreta para que as coisas aconteçam. A marca sai do foco e, neste momento, passa a ser um elemento extra dentro do diálogo, que destrincha visões diferentes de mundo e compartilha experiências.

Agora que você entendeu as conexões que podem ser feitas com seu produto, chegou a hora de levantar dados. Onde o serviço foi mais bem recebido? O público é formado em sua maioria por homens ou mulheres? De qual idade? Quem são as pessoas que interagem no universo digital, do que elas gostam e como podemos convertê-las em futuros clientes?

São muitas as perguntas, mas as respostas estão todas disponíveis: basta procurar, entender e interpretar, do mesmo jeito que você fez antes de sua estratégia e plano de negócios começarem a ser executados. Mas, neste ponto do seu trabalho já iniciado, as estatísticas não são mais tão subjetivas. Existe uma amostra do público que sua marca está atingindo. Pequena ou grande, ela pode dar *insights* para a evolução da sua atuação no setor.

Com essas informações nas mãos, desconstrua-se, veja todos os seus pedacinhos, compare ao universo do segmento em que está inserido, identifique a expressão de seus valores naquilo que está no mercado, reconheça as referências e marcas com quem conversa. Você está pronto agora para criar histórias! Esse *storytelling* é o que vai ajudar a comunicar sua ideia para o mundo. Se for bem contada, a trajetória vai atrair investidores, parceiros, equipes e, claro, mais clientes.

Na hora de comunicar a que veio, existem algumas maneiras de fazer isso. Elas acontecem gradativamente, levando o tempo necessário para cada passo – tudo depende daquilo que você considera mais efetivo para seu tipo de serviço, com base nos dados de mercado que pesquisou e colocou no seu plano de negócios.

O primeiro degrau que você deve subir é mais comum e condizente com os tempos primórdios: o **impacto**. A marca em si sendo anunciada em sua máxima exposição, sem ter necessariamente um desenvolvimento de conceito em torno dela. De repente, a garota Targaryen que, até então, era escrava de uma tribo, sai nua do meio do fogo, sem qualquer queimadura e com três dragões bebês.

O que é *Storytelling* e por que é tão importante para os negócios?

A definição que se costuma dar é que *storytelling* é a prática de se **contar uma boa história**. E este "boa", na imensa maioria das vezes, quer dizer **relevante**. Ou seja, uma história que consiga reter a atenção do interlocutor – esteja ele onde estiver – e que, de preferência, marque-o, fique em sua memória. Uma narrativa bem articulada, com começo, desenvolvimento e fim específicos, e que de alguma forma capture o público – seja por meio do drama, da tragédia, da comédia ou da ação, não importa. O conceito é importante justamente por conta do momento em que vivemos, de comunicação frenética e relações superficiais. Para se tornar significativa, a sua marca precisa ampliar a presença na memória do consumidor. E não só a técnica de *storytelling* pode fazer um imenso bem a questões do seu cotidiano. Afinal, se você pensar bem, **faz parte do seu dia de empreendedor convencer as pessoas**. E aprimorar as suas narrativas pode ser extremamente útil para conquistar a atenção e conseguir o engajamento de seus interlocutores.

Fonte: Endeavor - https://endeavor.org.br/storytelling/

Em seguida, e complementar a isso, está o **foco**, ponto no qual você se preocupa em fidelizar seus "fãs" e começa a entrar para ser o centro de atenções das conversas. Assuma que sim, você é a platinada que tirou três dragões dos ovos, formou um exército de ex-escravos e conquistou os Sete Reinos – deixe que as pessoas saibam e falem sobre isso.

O próximo ponto dessa linha do tempo é o **facilitador**. Ele se refere a aproveitar essa historinha que já está na boca do povo para fazer conexões. Agora que todo mundo sabe quem você é, peça os navios das Ilhas de Ferros e junte-se a Dorne e Tyrell. É chegada a hora de dialogar com essas pessoas que já estão falando sobre você, caminhando então para a reta final da comunicação: **fazer parte** da conversa. Agora que você entrou na roda, troque experiências, dance as músicas da festa com aqueles passinhos que todo mundo faz em fila e vire melhor amigo de seu consumidor. Seja presença atuante na vida dele e mantenha a conexão.

Você sabe o que fazer, mas ainda não pensou os meios que vai usar para isso. Eis que então surge a necessidade de traçar outros rabiscos no papel, unindo todas as possibilidades. *On-line* ou *off-line*, quais são as plataformas certas para falar com seu cliente? E qual a melhor maneira de utilizar cada uma delas?

A comunicação une conteúdo, formato e *feedback*. O conteúdo é a mensagem em si, aquilo que, baseado nos seus valores e pesquisas, você decidiu que quer que as pessoas entendam. O formato tem a ver com a imagem anterior, na qual você adapta sua mensagem de acordo com o público que vai atingir e as ferramentas disponíveis. O *feedback* é essencial na comunicação, uma vez que ela é formada por duas ou mais pessoas. Se você apenas fala e não ouve, o monólogo não vai levar seu recado muito longe. A troca é o grande segredo de uma mensagem bem transmitida, o que ajuda na evolução do trabalho. Esteja pronto para isso – sendo ele positivo ou não, vai agregar de alguma maneira.

Sabendo disso, chega-se ao ponto crucial do *marketing* bem-feito: com quem você está falando? Quando começou a traçar as diretrizes do seu negócio, você escolheu o público a partir de suas pesquisas e do seu produto. Agora que o seu serviço já está no mercado, você percebe alguma alteração nesse tópico? Reveja a base de pessoas que está respondendo de maneira positiva ao seu negócio. Não tenha medo de se adaptar a uma nova realidade, se necessário.

Coletiva de imprensa

+

Assembleia aberta para traçar um plano diretor

+

Matéria especial no jornal impresso

+

Campanha na rua principal próximo ao Castelo

Novo Reinado

Spot **na rádio**

+

Entrevista na televisão

+

Uma *fanpage* oficial para divulgar as notícias do reino

+

Um jornal gratuito de rua contando as novidades

Perceba também que as pessoas que se interessam pela sua marca não são exatamente iguais. Para facilitar suas estratégias de comunicação, saiba dividi-las em grupos segmentados para que as campanhas sejam assertivas. Dentro dos Sete Reinos, você poderia ter, por exemplo, alguns públicos diferentes: nobres, moradores de rua e estrangeiros. Como agir com cada um deles? Como dialogar com eles, entender suas necessidades e fazer algo a respeito?

Respire a cultura de cada um deles. Saiba o que dizem, como dizem e do que precisam. Entenda o seu trabalho na vida deles como algo que vem para acrescentar. Faça valer todo o planejamento realizado até aqui.

Importante salientar que a cultura contemporânea é imediata. Uma pesquisa do Google mostra que as pessoas buscam, cada vez mais, as coisas que precisam em tempo real. Entre 2015 e 2017, as procuras por lugares "abertos agora" triplicaram. Se alguém machuca um dedo, por exemplo, essa pessoa vai direto ao buscador para encontrar "hospital aberto mais próximo". Se bateu a fome, o mesmo acontece com *delivery* de comida. O consumidor quer, cada vez mais, ser atendido **agora**. Seu serviço é compatível com essa demanda ou está encaixado nesse modelo social contemporâneo?

"As pessoas estão tomando decisões mais rapidamente do que antes e elas esperam estar aptas a agir de acordo com suas escolhas instantaneamente. Nós, como pessoas do marketing, *podemos tornar isso mais fácil para que elas possam concretizar suas coisas"*

Lisa Gevelber, VP de Marketing do Google para as Américas

Outra prova de que o público está gradativamente sem tempo de esperar é que a maioria das buscas vem de *smartphones* na parte da manhã, quando provavelmente essas pessoas estão a caminho do trabalho, de acordo com o Google. Elas otimizam o tempo em que ficam dentro do transporte e procuram empresas que possam resolver facilmente suas questões mais rotineiras. Para ter uma ideia, 53% das pessoas vão abandonar a navegação *mobile* do seu *site* se ele demorar mais de três segundos para carregar. Levando em consideração que os aparelhos móveis são a principal plataforma de acesso à *internet*, é preciso pensar em um bom servidor e um *design* leve que possa ser facilmente carregado. Outro dado interessante é que muitos dos aplicativos baixados em celulares são utilizados apenas uma vez, o que mostra que o caráter de urgência muitas vezes torna os serviços descartáveis. Como criar algo que valha para o uso contínuo?

Neste cenário, se sua voz sozinha não for suficiente para chegar a esse cliente que se torna questionador, apressado e exigente, faça amigos influentes.

Procure influenciadores e veículos de comunicação que consigam atingir com mais força essas pessoas. Mas lembre-se! Essas decisões não devem ser pautadas apenas em números, mas principalmente em valores.

Uma pesquisa da HelloSociety, agência que conecta marcas e influenciadores e foi adquirida pela The New York Times Company, mostrou que pessoas com até 30 mil seguidores podem engajar 60% mais que influenciadores maiores. Isso porque não é o número de pessoas da base que faz a diferença, mas sim quantas dessas pessoas de fato se inscreveram no canal por estarem interessadas no assunto. Sempre importante ter em mente que é mais relevante fazer parte da vida do seu cliente com seu produto ou serviço do que simplesmente falar sobre sua empresa para uma grande multidão – que não necessariamente vai comprar e gerar lucro para você.

"Os costumes do consumidor estão mudando, especialmente entre as mais novas gerações. Hoje, os millenials *estão mais inclinados a buscar dicas de moda com uma* vlogger *comum como Zoella do que com uma celebridade mais tradicional como Victoria Beckham. Campanhas de inovação e marketing assertivo têm reconhecido essa lacuna e trabalham para tirar vantagens disso"*

Kate Stanford, *diretora de* ads marketing *do YouTube para o Think With Google*

Outro ponto essencial é que a pessoa é mais importante que o produto. Afinal, é ela quem vai realizar as tomadas de decisão em relação ao seu serviço. O que faz alguém preferir iPhone a Android? Citando Steve Jobs novamente, até pela relevância que ele tem no mercado quando o assunto é inovação e liderança, uma pequena maçã mordida ofereceu uma experiência tão nova e de caráter tão personalizado ao público que, independentemente dos avanços da concorrência, produtos Apple sempre terão fãs que não os trocariam por qualquer outro, além de espaço garantido, seja nas bolsas pessoais, seja na mesa de trabalho.

Antes de Khaleesi e Snow se jogarem um nos braços do outro, eles poderiam ser considerados concorrentes com produtos parecidos. Ambos são líderes de bom coração, que possuem grande empatia por seus colaboradores e com uma história de sofrimento que os fez seres honrados. Mas o que faz uma pessoa escolher a mãe dos dragões ou o filho do fogo e gelo não são números. Muito menos promessas. No fundo, são as experiências que ela viveu com cada um deles.

A publicidade já começou a entender a essência desse novo momento. Uma propaganda da cerveja Heineken, por exemplo, colocava pessoas de opiniões opostas – e sem saberem desse detalhe – para uma atividade em um bar, fazendo com que trabalhassem em equipe. Após a missão cumprida, a produção revelava a um homossexual, por exemplo, que aquele com quem ele havia acabado de criar um vínculo era homofóbico. Passado o choque inicial, a dupla sentava à mesa, com uma cerveja na mão, e falava sobre o assunto. Percebe

Quem são os influenciadores da sua marca?

Influenciadores sempre existiram, mas hoje, com a era digital, eles são ainda mais importantes. Mas quem são eles? São pessoas, muitas vezes até seus próprios clientes, com muitos seguidores no Facebook, Instagram, Twitter, *Blogs*, entre outras redes sociais. Geralmente são muito respeitados pelo público que os seguem e que podem, inclusive, ser o seu público-alvo. Criar um relacionamento com eles é bom para aumentar a influência da sua marca. Mas é preciso avaliar qual a importância desse influenciador para a sua empresa, e qual objetivo a sua marca pretende com ele no momento. Que tipo de influência você quer causar no seu público.

como a marca serve de pano de fundo? O que realmente importa na sociedade contemporânea? E como seu serviço está inserido nessa conversa?

Já parou para pensar se é o Airbnb que está matando a hotelaria ou se os fatos de ter custos mais acessíveis, praticidade na reserva e ambientes aconchegantes que estão mudando o rumo dos turistas? A verdade é que a novidade acaba sendo contestada por quem está em sua zona de conforto, mas a dica é sempre se adaptar e avançar junto. Há anos é possível ouvir como a *internet* deve matar o jornal impresso. Mas, na realidade, os jornais que souberam se adaptar à tecnologia não apenas sobreviveram como seguem sendo fontes confiáveis de notícias. O *New York Times* é um bom exemplo de quem soube se encaixar, oferecendo aos leitores assinatura digital após o acesso a uma quantidade específica de textos.

Lembre-se ainda de que pessoas diferentes vivem e preferem experiências diferentes. Por isso, tendo identificado os públicos com quem você está lidando, basta adaptar sua comunicação aos formatos que fazem mais sentido. *Shows* na cidade de Porto Alegre, no Rio Grande do Sul, têm maior aderência do público com cartazes colados pelas ruas. Já em São Paulo, o Facebook é a melhor maneira de atrair pessoas. O importante é estar onde elas estão, falando a mesma língua e trocando vivências que as façam sentir parte do seu negócio. Tudo isso, sem perder o foco da meta final.

"Os homens criam as ferramentas. As ferramentas recriam os homens"

Marshall McLuhan, *educador, filósofo e teórico da comunicação. Conhecido por vislumbrar a* Internet *quase 30 anos antes dela ser inventada*

A rainha Margaery atuou bem em seu breve reinado. Foi até o lugar onde as pessoas que precisavam dela estavam e conversou diretamente. Ela gerou grande impacto nos Sete Reinos, a ponto de fazer com que Joffrey ganhasse alguns pontinhos por um tempo determinado. Mas a ação se limitou a ela mesma. Não houve conexão. Impacto e conexão são coisas diferentes e devem ser complementares. *Lifestyle*, contexto histórico e oportunidades devem considerados.

Chegou a hora de quebrar a roda. Os tempos mudaram, a maneira de fazer negócios e comunicar sua marca também. A opressão dos Lannister não funciona mais. Os dragões chegaram anunciando um novo tempo e é preciso voar com eles, antes que você se torne um *White Walker*.

A *internet* surgiu como necessidade logística na Guerra Fria. Foi uma das ferramentas usadas na briga entre Estados Unidos e União Soviética. Com o tempo, ela passou a ser utilizada em universidades como plataforma de pesquisa e, logo, tornou-se acessível a partir do computador individual, em meados dos anos 1990. O avanço foi mais rápido do que se pode acompanhar. Quem se lembra do barulhinho da discagem mais barata na madrugada e aos domingos já é uma geração antiga.

Existe toda uma leva de pessoas que nasceu sabendo acessar a rede – e elas estão no mercado de trabalho. Uma geração ainda mais nova aprende a usar a função *touch* antes mesmo de falar e não entende muito bem a formalidade de um *e-mail* se existe *inbox, direct message*, WhatsApp e tantas outras maneiras mais rápidas e eficazes.

A velocidade desses avanços e a proporção que eles tomaram na vida das pessoas fizeram com que os negócios chegassem a um ponto onde você precisa existir digitalmente como empresa. Fazer todo o trabalho e não ter *site* oficial e *fanpage*, no mínimo, é basicamente não estar presente no mercado. Paul Adams fala sobre essas conexões no livro "Grouped".

Ele ressalta que o mundo está mudando muito rapidamente, e isso gera uma série de lacunas, espaços onde os negócios podem se encaixar. Primeiro, é a agilidade como isso acontece. Mais rápido do que um ser humano é capaz de ler, são adicionados milhares de informações ao Wikipedia todos os dias, entre outros dados gerados aos bilhões a cada segundo. A estrutura da *web* também muda com velocidade. Ela é construída e reconstruída acerca de conteúdo e pessoas, fazendo com que a população em geral gaste cada vez mais tempo nela, fazendo conexões. O ser humano contemporâneo se comunica o tempo inteiro, seja pelas redes sociais, pelos aplicativos de conversa, em fóruns ou pelo simples acesso a notícias. Tudo isso pode ser mapeado e mensurado, transformando tudo que se sabe sobre *marketing* e publicidade.

Como empreendedor, não existe mais a possibilidade de não estar no mundo virtual. Há uma dificuldade em entender como tomar decisões nesse furacão de informações dançando pela nuvem. Na última década, as pessoas aprenderam a trabalhar mais com seus cérebros, ou seja, a planejar melhor e a questionar modelos. Entender modelos mentais e aplicações práticas dos comportamentos humanos virou uma ferramenta aliada do mundo empresarial. Agora é possível aplicar tudo isso com base em números reais. Cruzar esses dados, entender o que são pessoas e encontrar necessidades e oportunidades.

"Nós agora podemos começar a medir como as pessoas realmente influenciam as outras, e isso vai mudar como fazemos negócios. (...) Se nós quisermos ter sucesso nesta nova era de informações sobre pessoas crescendo exponencialmente com a web, nós precisaremos entender o comportamento social. Precisaremos entender como as pessoas estão conectadas, como interagir e como são influenciadas por diferentes pessoas em sua vida. Nós também precisamos entender como elas tomam decisões e como diferentes partes de seus cérebros e suas tendências guiam seus comportamentos"

Paul Adams, descrito pela revista Fortune como
"uma das mentes mais brilhantes do Vale do Silício"

Quando você entende o material que tem na mão, metade do caminho para o sucesso está percorrido. São os dados que orientam tomadas de decisão, eles contam histórias. Mas é preciso se precaver com sistemas anti-BIAS, ou seja, separar a opinião de quem faz a análise da interpretação da estatística em si. Cuidado para não cair nas próprias armadilhas.

Para entender melhor o que isso significa, é preciso ir um pouco mais fundo no conceito de BIAS – vieses inconscientes, em português. Eles são associações que o ser humano faz desde a infância e que acabam influenciando a maneira como essa pessoa percebe, interpreta e interage com o mundo e as situações.

Esse conjunto acaba levando em consideração, sem que se perceba, os conceitos de bom ou ruim que foram sendo adquiridos durante toda a vida, entre outras dualidades.

Por ser algo que faz parte da própria construção de alguém, torna-se difícil evitar 100% que ele ocorra, mas é importante ter consciência de si mesmo para minimizar os impactos dentro do ambiente de trabalho, evitando, dessa forma, preconceitos, escolhas de pessoas baseadas em vieses, parcialidade na interpretação das estatísticas, entre outros.

Na prática, os caminhos para cada campanha que você quiser pôr em ação devem seguir o passo a passo:

- **Visão macro da situação > segmentação a partir dos dados colhidos e interpretados > o cliente, onde ele está e como ele se comporta > a campanha, com seu conteúdo e formato definidos**

Para implementar o planejamento, você pode escolher a ferramenta que melhor se adéqua à sua equipe, como criar um *dashboard* ou alguma dinâmica interna de entrega de resultados. O mais importante é que todos estejam familiarizados com o procedimento e aptos a utilizá-lo de maneira a gerar os resultados mais positivos possíveis.

Cada relação entre quaisquer pessoas é única, com histórias que incluem milhares de interações diferentes de acordo com os envolvidos. Além dos vieses que estão inseridos na construção individual, cada ação de fora tem uma reação diferente que vem de dentro.

Quando uma pessoa diz algo para três outras, por exemplo, ela terá três interpretações daquilo que foi comunicado. Uma canção, quando é publicada, vira uma nova música a cada pessoa que a ouve. E essa é a magia e o desafio da linguagem – fazer com que o que foi dito seja compreendido.

Por isso, ser assertivo depende de entender ao máximo quem é a pessoa que ouve e ser didático dentro do universo daquele público. No caso de Game of

> **CONCEITO**
>
> ***Dashboard*** ou **Painel de Controle** é a apresentação visual das informações mais importantes e necessárias para alcançar um ou mais objetivos de negócio, consolidadas e ajustadas em uma tela para fácil acompanhamento do seu negócio. O ideal é que o *Dashboard* não tenha barra de rolagem para que a informação seja encontrada rapidamente. Outro fator relevante é organizar e segmentar as suas informações em diferentes abas com nomes aderentes ao seu negócio. Você pode criar *dashboards* com análises e indicadores para monitorar qualquer área, departamento ou segmento de negócio.

Fonte: Atom BI, Business Intelligence as a Service, SaaS BI, BI SaaS, Cloud BI, BI Cloud.

Thrones, tudo acaba ficando sempre nas entrelinhas e, quando alguém é objetivo em sua resposta, como Arya ao dizer que seu Deus é a morte e possui uma lista de pessoas que devem ver a sua espada Agulha, os interlocutores acabam não acreditando muito naquilo que ouvem. Na vida real, se você tentar deixar seu recado muito subliminar, corre o risco de que apenas uma parcela mínima de consumidores com uma construção parecida com a sua tenha acesso verdadeiro à mensagem.

Existem relações em que as pessoas não se conhecem muito bem, amigos ou colegas com conexões mais superficiais e aquelas realmente profundas, entre outros tipos que você reconhece em sua rotina. Sendo uma marca, você deve estar profundamente ligado às necessidades e desejos de seu cliente, mesmo aqueles que talvez ele não saiba, mas você conseguiu identificar pela interpretação dos dados que ele ofereceu diretamente ou indiretamente, por meio de suas escolhas virtuais, por exemplo.

Perceber ainda que esses desejos mais secretos podem mudar em sua essência ou maneira de atuação de acordo com a idade e contexto político-social em que o indivíduo está envolvido faz diferença na comunicação. Por nada ser estático, monitorar a empresa e a vida própria que ela ganhou no mundo é o caminho do sucesso. Mas, veja bem, a ideia aqui não é gerar uma necessidade de controle total de tudo que acontece, pois isso também pode ser um erro – e fatal. Michael Jackson não poderia saber que os boatos sobre pedofilia ganhariam vida de maneira tão intensa. A depressão foi tomando conta e doses grandes de propofol (um tipo de anestésico) levaram o rei do *pop* à morte.

O controle total é uma utopia e só vai gerar angústia. Monitoramento diz respeito a saber o que acontece para tomar as medidas necessárias e até prever riscos. O público é vivo e pode surpreender você. Estar preparado para as surpresas e lidar com elas de maneira madura, aceitando que o negócio também pode ter falhas, é mais sábio que remar contra a maré.

"Quem olha para fora sonha, quem olha para dentro desperta"
Carl Jung

Gilberto Dimenstein, jornalista renomado e reconhecido em toda a imprensa, postou uma série de notícias apelativas durante a cobertura da tragédia que matou todo o time da Chapecoense em um acidente de avião, incluindo uma reportagem inteira com a reação das pessoas que estavam no voo. À frente do Catraca Livre e ao ver o *feedback* negativo do público, ele percebeu que estava errado, admitiu e publicou um pedido de desculpas, assumindo total responsabilidade.

Sua marca é sua história. Sua trajetória até o Trono de Ferro conta, e mantê-la viva também. Acima de tudo, lembre-se de que você chegou até os Sete Reinos pela verdade e essência que carrega, por conta de seus valores. Mantenha isso vivo e seu trabalho será naturalmente reconhecido.

"Qualquer tolo com sorte pode nascer em meio ao poder, mas conquistá-lo para si dá trabalho"

Lorde Varys, membro enigmático do Pequeno Conselho Real e ocupa o cargo de Mestre dos Segredos

Capítulo 7

LIDERANÇA
Aproveite o seu reinado

Líderes apenas são líderes. Eles nascem com algum tipo de empatia e, ao mesmo tempo, com poder em concentrar responsabilidades que os fazem estar à frente de projetos, histórias e reinados. Jon Snow nunca quis ser rei. Ele não se importava com o sobrenome dedicado aos bastardos, e seu objetivo sempre foi manter o Norte a salvo, simples assim.

Mas algo nele desperta quem está por perto. Existe algum tipo de sabedoria, segurança e assertividade em suas decisões que faz quem está em volta se sentir protegido por aquilo que ele resolve. Falando nisso, proteção é algo que ele de fato esbanja. É como se, tendo Jon à frente de sua equipe, nada de realmente ruim pudesse acontecer aos outros. Porque ele se arrisca até o fim por isso.

Já Cersei, que tanta vontade tem em governar, só o consegue pelo medo e pela opressão. Estar perto dela é mais uma questão de sobrevivência do que de respeito. O povo não confia nela de fato, mas sabe que estar contra suas vontades pode ser pior, então simplesmente aceita. Um verdadeiro líder não precisa provar nada e muito menos repreender as pessoas para que sigam aquilo que ele acredita. Ele só precisa fazer a coisa certa. Não que seja uma tarefa muito fácil saber qual a coisa certa a fazer, mas é exatamente como é.

O maior objetivo de quem integra uma empresa será mantê-la viva. Para isso, é preciso trabalhar para que o serviço ou produto tenha sucesso e gere lucro. Fazer com que toda uma equipe entenda a importância dos valores definidos pelo negócio é um papel a ser desempenhado diariamente, com cuidado e respeito às divergências e muita aceitação aos desafios impostos por tantas variáveis. Além disso, um líder também garante a produtividade de maneira otimizada, ou seja, fazer o máximo possível dentro dos menores gastos, sempre com as metas bem claras. Garantir que o trabalho seja entregue da maneira que se espera. Não se trata de um gerenciamento que exige mais e mais da mão de obra, mas sim que garante o resultado positivo. O segredo não é quantidade, mas qualidade.

O Fordismo surgiu em 1914, como uma filosofia de produção em massa que – de alguma maneira – fazia sentido naquela época. A tecnologia avançou e as máquinas podem substituir a execução por osmose, mas ainda não toma lugar da interpretação e do criativo humano. Por isso, o líder contemporâneo deve saber instigar as sinapses de seus funcionários a encontrarem maneiras para que o produto chegue ao patamar desejado. Obviamente, a execução ainda é essencial – não adianta ter apenas uma ideia na cabeça e nenhuma câmera na mão. Mesmo assim, o chefe verdadeiro entende que não basta solicitar a mão na massa sem real necessidade. É preciso que a produção em si faça sentido dentro do planejamento e que os trabalhadores sejam vistos como seres humanos pensantes e aptos a fazerem a empresa andar para a frente.

Como um líder faz isso? O exemplo é a maneira mais efetiva e primordial dentro de uma organização. Pense como trataria uma criança em sua primeira infância, ao tomar cuidado com as palavras que usa ou atividades que realiza perto dela. Isso porque é uma fase em que o pequeno usa a imitação como forma de aprendizado. Seus colaboradores já estão mais desenvolvidos, mas carregam consigo a questão de repetir processos que aprendem com quem está acima deles. Não se trata aqui de dar ordens de maneira a repreender alguém, mas sim de agir como gostaria que agissem. Se o seu escritório prega a igualdade entre as pessoas e você faz algum tipo de piada contra mulheres, está sendo totalmente contraditório aos valores da empresa e perdendo a credibilidade diante de sua equipe. Então, por que alguém obedeceria a uma ordem de outra pessoa cuja ação não condiz com o que fala? Fique atento!

O Alto Pardal é um bom exemplo de quem assume seus valores até o final. Ele prega a pobreza e desvencilha-se de bens materiais, que incluem roupas, luxos e adereços. Portanto, mesmo sendo o grande mentor do movimento religioso, ele anda sempre descalço e com uma túnica velha e surrada cobrindo o corpo. Além disso, cozinha para os mais pobres nas ruas onde eles moram. Já Joffrey prefere se esconder atrás de sua guarda real, nos muros do castelo, na hora em que a guerra aperta. Obviamente, os inimigos que criou foram tantos que não durou muito tempo. E, cá entre nós, se não fosse os Tyrell, poderia ter sido qualquer outra pessoa a matá-lo, uma vez que ele fez inimizades por toda parte.

Mas, afinal, como um bom líder atua? Bem, ter abertura é um ótimo começo. Saber que nenhuma verdade é única e ser flexível a novas maneiras de ver a mesma coisa ajudam a revisar os próprios paradigmas e a ficar de olho naquilo que pode ser considerado uma oportunidade. Mesmo assim, esse não é um procedimento que pode ser realizado com desleixo. Buscar pelas metas é algo a ser feito com garantia de excelência, dando o melhor de si mesmo e, claro, extraindo aquilo que puder da equipe.

Também é importante saber mandar. Parece óbvio, mas não é tanto assim. Muita gente simplesmente não sabe o que quer. A ordem precisa ser objetiva e assertiva. "Você está responsável por definir o planejamento para que o cliente consiga alcançar 100 mil seguidores no Facebook no próximo mês" é mais assertivo do que "eu queria que você pensasse como nosso cliente, pois pode ter mais engajamento digital". Saber o que está pedindo é crucial para ter em mente o que cobrar depois. Quantas vezes o setor de criação e arte já não ouviu algo como: "ah... eu queria algo mais atrativo"? Porém, na hora de pedir referências ou contextos que o cliente considera atrativos, o funcionário simplesmente fica sem resposta. Um bom líder sabe o que quer e o que precisa, portanto, ele sabe pedir.

Khaleesi precisava de navios para seguir a Westeros. Ela foi atrás de sua frota em Qarth e, percebendo que estavam tramando contra seu reinado, conseguiu dar a volta por cima e começar a levar vantagem para a batalha. Mas foi com a Ilha de Ferro que ela fechou os números que precisava para cruzar o oceano. Objetivo claro e bem definido, a mãe dos dragões soube como guiar sua equipe até a meta final.

Manter a confiança colaborativa também é importante. As metas precisam ser plausíveis, ou seja, é preciso que elas realmente tenham condições de acontecer no tempo determinado. A equipe também precisa estar à vontade para dizer quando acha que aquilo não é possível e até para pedir ajuda se, no meio do processo logístico, algo dificultar sua atuação. A relação nunca deve ser inflexível. O medo não funciona bem fora das crenças religiosamente controladoras. Não se trata aqui de uma pseudodemocracia fascista. O mundo é livre, as pessoas se transformam e o negócio tem desafios pela frente. Dê condições para que as pessoas falem sem o temor de serem julgadas a ponto de perder seus cargos.

Um bom gestor deve lembrar-se ainda de prazos e cronogramas. Para um bom gerenciamento, é preciso ter em mente o tempo que cada etapa precisa para ser concluída. Não só pensar ou planilhar essas datas, mas também ficar de olho se elas estão sendo seguidas. Atrasos são possíveis de prever, e ter um plano B caso algo saia dos trilhos é sempre um papel importante para garantir a vida da empresa mesmo com algum tipo de mudança no calendário.

Aqui é possível voltar ao assunto *feedback*. Como foi explicado nos capítulos anteriores, relações humanas precisam de um retorno. O que está certo, errado ou precisa ser alterado? Sem ouvir o que sua equipe tem a dizer, você não vai tomar consciência disso. Da mesma maneira, seu funcionário não vai saber o que você quer dele se não disser. E, lembre-se: sem entrelinhas! Tapinha nas costas não vale. É preciso declarar com transparência se os papéis estão funcionando, se é preciso algum tipo de mudança ou adaptação. E deixar sempre claro que ele é importante para a empresa, mas essas alterações são necessárias devido à própria rotação que o planeta e os negócios sofrem.

O Tribunal de Justiça de São Paulo possui um curso bastante interessante sobre liderança. Entre as funcionalidades que ele ensina, há a tríade Conhecimento (saber), Habilidades (o saber fazer) e Atitudes (o querer fazer) – CHA. Nesse trio, tudo está interligado. Por exemplo, se dentro do saber você possui o tópico "formação adequada", a habilidade dentro desse assunto é saber articular, negociar e gerenciar conflitos, lidar com processos da administração e ferramentas necessárias ao trabalho desenvolvido. Por fim, a atitude correta de um líder seria buscar a melhoria sempre, tanto nos processos internos como nos atendimentos externos.

Em relação ao "entendimento do trabalho", é preciso ser flexível com possíveis mudanças, saber delegar responsabilidades (entra aqui o tópico não apenas da objetividade, como a capacidade de passar os serviços para que outras pessoas façam) e ajudar no desenvolvimento das equipes.

Já no quesito "conhecimento da cultura organizacional", priorizar necessidades, ter cuidado com os custos e gerar resultados são os focos, sempre transmitindo segurança e confiança. Ética e coerência são também essenciais para que sua equipe entenda seu papel e respeite suas decisões.

Planejar, organizar, comandar, controlar e delegar atividades. Essas são as funções de um líder, que o faz sempre inspirando confiança e conduzindo seus colaboradores aos avanços que a empresa precisa. Tomar decisões acertadas também é algo importante. Nem sempre elas serão fáceis – talvez não serão na maioria das vezes. Mas ter maturidade, saber que, às vezes, é preciso abrir mão de algo para que outra coisa maior e mais importante aconteça são primordiais para que a vida dentro da organização siga adiante.

Influenciar é algo necessário ao líder, porém perigoso. A famosa máxima "uma mentira dita cem vezes se torna verdade" vem de Joseph Goebbels e sua estratégia de *marketing*. Ele era bom de oratória e foi quem apoiou Adolf Hitler em sua campanha nazista. Cuidado! Influenciar e manipular são coisas diferentes. O caso aqui não é fazer com que pessoas apoiem causas cegamente, mas sim fazer com que se sintam à vontade com os valores da empresa o suficiente para alinharem as próprias ações àquilo que você planejou em função da meta final.

Em 2010, a banda Rage Against the Machine convocou os fãs pelo Twitter a invadirem a área VIP do festival SWU, por ser contra esse tipo de segregação. No dia do *show*, o público levou a sério a convocação, não apenas derrubando a barricada, como colocando em risco profissionais que estavam trabalhando naquele evento e outras pessoas da plateia. Durante o evento, o mesmo grupo se viu obrigado a parar o *show* e pedir calma a todos que assistiam. É importante saber o alcance que o que você fala tem e saber bancar as consequências das ideias que você materializa. E o alcance não tem apenas a ver com número – não é exatamente a quantidade de pessoas que você pode atingir, mas principalmente quantas delas você consegue engajar. Algumas coisas ficam lindas na teoria, mas é preciso imaginá-las na prática para prever resultados desastrosos e fora de controle.

Há quem pense inocentemente que um líder apenas manda. Na verdade, a ordem é apenas uma consequência de tantas outras funções. Planejar, organizar, controlar, coordenar e executar são atividades que ele deve desempenhar todo o tempo. É preciso pensar antecipadamente em tudo que a empresa vai colocar em prática, já aguardando pelo sucesso dos objetivos a caminho da meta final. Sobre o planejamento que você aprendeu a fazer no capítulo dois com diferentes ferramentas de auxílio, ele é um processo contínuo e sempre voltado para o futuro. Na hora de pensá-lo, você pode usar a técnica dos 5W2H:

1. **What** (o quê?)
2. **Who** (quem?)
3. **When** (quando?)
4. **Where** (onde?)
5. **Why** (por quê?)
6. **How** (como?)
7. **How much** (quanto?)

A ferramenta nada mais é do que um *checklist* de todos os pontos que envolvem uma estratégia. Primeiro, você define o objetivo e quem vai executá-lo. Prazos, cronogramas e local guiam o processo logístico. Também é preciso entender aonde se quer chegar com o plano em si, a que metas da empresa ele atende e como fazer isso. Por fim, os custos que envolvem a estratégia e, principalmente, o retorno lucrativo – seja a curto, médio ou longo prazo.

Na hora de organizar as atividades, o que significa distribuí-las entre a equipe a partir dos talentos que você já identificou e alocar recursos, use todo o conhecimento que você acumulou até aqui relacionado ao time que acompanha. Você já sabe, por exemplo, que Tyrion não é bom na espada, enquanto que Jon Snow não se intimidou com os dragões. Já Jorah é um ótimo guerreiro em campo de batalha e leal à empresa. Coloque cada peça do xadrez em seu lugar e use sabiamente a propriedade delas para dar o xeque-mate.

Jogadores em campo, monitore a batalha. Compare os resultados e veja se estão alinhados com o planejamento anterior, se tudo está seguindo de acordo com o que foi pensado. Verifique também se alguma alteração de plano precisa ser realizada para que a tática funcione melhor.

A coordenação e a execução têm a ver com a comunicação adequada que você aprendeu até aqui. Chegou a hora de abrir o sorriso e lidar com os dragões – seus, dos outros e os que sobrevoam as relações. Assuma sua posição, não fique em cima do muro quando precisar tomar decisões que afetam os outros. É preciso que você tenha total consciência da sua responsabilidade e o que ela carrega consigo. O grande desafio de um líder é saber ser firme e gentil ao mesmo tempo, pensar nas pessoas sem esquecer a empresa ou vice-versa.

"Um líder deve aprender que palavras conquistam coisas que muitas espadas não conseguem"
George R. R. Martin

Existem tipos diferentes de lideranças, que mais têm a ver com a maneira como sua equipe percebe suas ações e reage a elas do que de fato como você se coloca. Desenvolvida por Paul Hersey e Kenneth Blanchard, a "teoria da liderança situacional" consegue medir o grau de maturidade de cada pessoa da equipe. Isso significa que a ferramenta mostra ao gestor quais as habilidades e disponibilidade que aquela pessoa tem para desempenhar a tarefa que foi direcionada a ela e, dessa forma, identifica quem precisa de mais direcionamento e encorajamento por parte de seu chefe, que vai escolher o tipo de liderança a ser usada de acordo com as variáveis da situação.

Elas incluem **exigências,** definidas pela complexidade do problema em paralelo ao tempo disponível para que uma atitude seja tomada. Também envolve normas internas e políticas. Já as **características dos colaboradores** englobam o conhecimento que eles têm do trabalho, como anda a motivação do time e envolvimento com as tarefas que precisam ser realizadas. Nessa análise, considera-se também as **características do gestor,** incluindo o sistema de valores e confiança que ele projeta nas pessoas da equipe, além da capacidade que tem em delegar funções, capacitar e qualificar quem trabalha com ele e dar um retorno sobre o que está sendo realizado.

Após entender todos esses tópicos, você está pronto para saber que tipo de chefe vai querer ser no cenário que encontrou.

Que tipo de líder você é?

AUTOCRÁTICO

O que é? Necessidade de agir de maneira mais firme com os colaboradores, com o cuidado de não se tornar autoritário.

Como faz? Comportamento enérgico e assertivo, toma decisões sozinho, assumindo os riscos. Apesar de enfatizar o controle, ele leva em consideração qualidade e tempo das tarefas. O resultado é mais importante que o relacionamento.

Quando? Na hora da batalha, é um bom momento para ser autocrático. O estilo serve para situações de emergência e quando apenas o líder domina por completo o assunto em pauta.

Exemplo em GOT: Tyrion Lannister assume a frente da Batalha da Água Negra, manda o rei para o lugar dele e consegue fazer com que os soldados defendam as terras enquanto o fogo vivo queima os navios de Stannis.

DEMOCRÁTICO

O que é? Um estilo facilitador que orienta o grupo na decisão de um problema.

Como faz? As decisões são tomadas em conjunto levando em consideração as opiniões importantes para o processo, que deve ser realizado com algumas reuniões envolvidas. Mantém o time

A liderança é um trabalho principalmente de entender o ser humano. Entender a si mesmo é o primeiro passo para alcançar esse objetivo. As pessoas possuem diferentes modelos mentais, que acabam gerando resultados e comportamentos de acordo com aquilo que está preconcebido, para o bem ou para o mal. Se você pensa, por exemplo, "que todas as pessoas à sua volta têm inveja e querem ser como você", isso vai gerar um comportamento de afastamento social ou de arrogância em relação a quem está em volta. Todo mundo possui

motivado e discute as divisões de trabalho com a equipe, procurando sempre entender o que eles acham sobre o assunto, além de apoiar as capacidades individuais.

Quando? Esse tipo de liderança tem muito mais a ver com o grupo com o qual se trabalha e se as pessoas envolvidas possuem capacidades individuais que permitem o diálogo.

Exemplo em GOT: Daenerys Targaryen e sua atuação com o pequeno conselho que criou. As reuniões são sempre produtivas e permitem a participação de todos com ideias e sugestões.

LIBERAL

O que é? Ele permite autonomia total dos colaboradores ou setores para a tomada de decisão.

Como faz? Permite que as pessoas decidam sozinhas, apenas emitindo opinião quando solicitada e sempre reconhecendo a capacidade do grupo em exercer aquelas tarefas a que foram designadas.

Quando? Também depende do grupo, que deve ser maduro o suficiente para lidar com esse tipo de liberdade.

Exemplo em GOT: Robert Baratheon permitia ao seu pequeno conselho maior autonomia em decisões do reino enquanto ele caçava ou participava de festas e encontros. Fato é que ele não sabia que sua própria mulher queria vê-lo morto e dar liberdade demais acabou atrapalhando.

modelos desse e de outros tipos e acaba agindo de acordo com eles, por isso é importante olhar para si, entender o próprio contexto e como ele limita ou abre portas no mundo.

Nesse contexto, tomar o próprio poder é importantíssimo. Programar a mente para que sua atuação positiva faça diferença dentro da empresa é essencial. A partir daí, liderar acaba sendo um exercício de influência sobre as pessoas e, nesse sentido, os psicólogos sociais John R. P. French e Bertram Raven classificaram, em 1959, os tipos de poder.

O **poder de posição** tem relação com o lugar que um líder ocupa dentro da organização e que, por si só, já exerce alguma influência. Um presidente, por exemplo, exerce sua gerência por meio de três bases distintas de poder – legítimo (quando os membros do grupo aceitam a ordem pelo cargo que o outro ocupa), de recompensa (as pessoas se submetem àquilo por conta do benefício que pode vir em troca) e coercitivo (um colaborador obedece por medo de consequências negativas do comportamento). Cersei Lannister é claramente alguém que exerce poder por conta do cargo que ocupa, e a obediência às suas ordens vem principalmente pelo meio coercitivo.

Já o **poder pessoal** tem a ver com aqueles que influenciam o comportamento de alguma maneira e possui duas bases possíveis – poder de especialista ou talento (possuem conhecimentos específicos que geram dependência dos outros membros da equipe) e poder de referência (quando as outras pessoas se identificam e admiram aquele líder, querendo ser como ele).

Khaleesi usa seu poder pessoal de referência e, dessa forma, tem grande influência e obediência de sua equipe. Ela é um exemplo da mistura que mais leva seguidores fiéis, como fãs de uma grande banda de *rock* ou torcedores de futebol. E você? Que tipo de líder gostaria de ser? Mesmo havendo maior identificação com um ou outro, é importante buscar a evolução e as características de cada um que caibam melhor a situações específicas, gerando eficácia e atitudes positivas dentro do grupo, que podem se manifestar em quatro dimensões críticas.

O **senso de significância** traz pessoas geridas com eficácia e se sentindo relevantes dentro do trabalho, por acreditar que suas tarefas fazem diferença. **Aprendizagem e competência** tem a ver com a valorização do saber, de aprender mais e dominar novas competências. O **espírito de equipe** faz com que todos sintam-se parte de uma comunidade, como uma grande família. **Estímulo e energia** é a dimensão em que as pessoas se sentem estimuladas por fazerem algo significante.

Quando o negócio possui uma meta, é preciso que o gestor "puxe" sua equipe para os objetivos finais com motivação e disponibilidade. O erro acontece quando o líder "empurra" o time com punições e recompensas em troca da boa atuação. É preciso que os envolvidos entendam verdadeiramente o sentido daquelas ações dentro do todo e se sintam parte dele. Quando elas tomam o projeto como delas, farão o melhor possível para os resultados positivos chegarem.

A pressão sobre a equipe ou sobre o gestor deve ser sempre diminuída. Todos trabalham juntos e pelo mesmo objetivo. Quando um líder trabalha com respeito incondicional por seus subordinados, essa característica é percebida e quebra uma série de barreiras entre as diferentes hierarquias. Agressividade e opressão geram um clima tenso dentro da organização, o que prejudica a execução do trabalho e limita o processo criativo. Um bom desempenho está aliado e é proporcional a um clima favorável dentro das quatro paredes do escritório.

Esse processo ajuda ainda a pessoa que dá as ordens a perceber que não está sozinha na tomada de decisões e que não é a única responsável por tudo que acontece dentro da empresa. Não basta reclamar que ninguém faz nada, é preciso saber pedir e dizer o que quer que seja feito. Se você não contar o que pensa ou o que quer que seja realizado, ninguém tem bola de cristal para descobrir. Comunique-se!

Não há dúvidas de que o diálogo ainda é a melhor ferramenta de fazer o seu negócio caminhar para a frente. Use a seu favor.

Uma pesquisa da Gallup publicada pela Business Insider mostra que as empresas que não conseguem focar indivíduos separadamente perdem engajamento. Os líderes que prestam atenção aos talentos individuais trazem para o negócio 73% mais engajamento dos colaboradores. Observar com profundidade quem trabalha para você e com você é essencial na hora de obter resultados.

Aprenda com Snow a perceber como as características de cada um fazem diferença no processo do trabalho.

Bons líderes conseguem construir uma equipe tão alinhada com os valores e engajada no projeto que estão sempre cercados das pessoas certas. Khaleesi conseguiu fazer isso com cuidado e dedicação, montando um time que está disposto a lutar por ela até o fim. Mas quando a história aperta e ela precisa lutar por sua equipe, a quebradora de correntes também não mede esforços.

Essa é uma lição de destaque. O grupo precisa sentir que a recíproca é verdadeira entre os esforços individuais e do gestor. Se você permitir que seu

Diálogo	Discussão / Debate
Forma de comunicação verbal baseada no questionamento construtivo das suposições, na aprendizagem por meio da descoberta investigativa e na criação de conselhos compartilhados	Forma de comunicação verbal baseada em justificativas, comportamentos defensivos, suposições, afirmações e revelações
Visa abrir questões	Visa fechar questões
Visa mostrar	Visa convencer
Visa estabelecer relações	Visa desmarcar posições
Visa compartilhar ideias	Visa defender ideias
Visa questionar e aprender	Visa explicar
Vê a interação, partes e todo (visão sistêmica)	Vê as partes em separado
Busca a pluralidade de ideias	Busca acordos

Fonte: manual do ASTD coaching certificate (2009)

colaborador se sinta desamparado, os resultados serão negativos. Demonstre compaixão e confiança, mas principalmente que eles também podem confiar em você. O que Martin Luther King, Walt Disney e Bill Gates têm em comum? Lideraram seus projetos baseados em valores muito bem definidos e influenciando de maneira positiva as pessoas e o sistema em que elas estavam inseridas em determinado momento. Cada um à sua maneira, eles lutaram pelas pessoas, pelo desenvolvimento delas, dados os devidos contextos. De alguma forma, eles conseguiram identificar brechas sistêmicas e oferecer algo que pudesse fazer a diferença dentro daquela lacuna. Eram seguros de si o suficiente para fazer com que outras pessoas acreditassem tanto quanto eles naquilo que tinham a oferecer. Proativos, não tinham medo de agir e tornaram-se admiráveis por isso, estabelecendo um tipo de liderança parecido com o de Khaleesi.

> *"Não há nada mais trágico neste mundo do que saber o que é certo e não fazê-lo. Que tal mudarmos o mundo começando por nós mesmos?"*
>
> **Martin Luther King**, um dos mais importantes líderes do movimento dos direitos civis dos negros nos Estados Unidos

Na hora de estabelecer um bom diálogo com seu colaborador, é preciso principalmente ser um bom observador. A comunicação está em tudo à sua volta e você pode encontrar os elementos que vão apoiá-lo durante a conversa no próprio ambiente. Em uma escuta ativa, existem três níveis a serem desenvolvidos. No primeiro, o líder busca em sua própria experiência as referências para formar as frases que precisam ser ditas no momento certo.

Em seguida, uma escuta focada e concentrada no outro ajuda a clarificar as razões que levaram a determinada atitude. Em um terceiro nível, você une as duas escutas – interna e centrada no outro – às observações gerais que tenha realizado, faz as conexões sem diminuir o que a pessoa que falou sente ou pensa. Detalhes como tom de voz que o colaborador utiliza na hora de falar sobre alguma coisa específica, posicionamento das mãos e até microexpressões faciais ajudam a ter melhor entendimento do todo.

Existe ainda a possibilidade de fazer perguntas investigativas para entender o raciocínio por trás das atitudes tomadas anteriormente. Você pode fazer isso com uma ferramenta chamada mediação favorável. Além das perguntas, você coloca seu ponto de vista na conversa, explicando seus pensamentos e compartilhando sua linha de raciocínio.

> *"A comunicação representa para o relacionamento o mesmo que a respiração para o viver"*
>
> **Virginia Satir**, *considerada por muitos uma das figuras mais importantes dos métodos modernos da terapia sistêmica familiar*

Você lembra o que aprendeu sobre empatia? Ela é a capacidade de se colocar no lugar do outro para entender os sentimentos alheios. Mas a grande mágica não está na atitude em si, e sim no que você faz com ela. Quando um colaborador seu se separa da esposa, por exemplo, e o rendimento dele no trabalho passa a cair, qual atitude você toma? É preciso conversar, entender o que está acontecendo, se existe um quadro mais grave em desenvolvimento, como uma depressão, e mostrar que ele não está sozinho nesse momento difícil. Ao mesmo tempo, dê ferramentas de apoio para que ele possa melhorar e voltar a entregar as coisas como antes. Entenda se alguma mudança no próprio ambiente de trabalho, por exemplo, pode auxiliar. Ou ainda, uma semana de folga para organizar as coisas e a sugestão de frequentar um psicólogo com quem possa conversar.

Mostre que você entende que há um outro ser humano daquele lado da conversa e a importância dele para a empresa, a ponto de você oferecer tudo que está a seu alcance para que o trabalho volte a fluir normalmente e com motivação. Segundo o psicólogo e escritor Daniel Goleman, a empatia "exerce influência em inúmeras áreas de nossa vida, de vendas a administração, romance, paternidade, compaixão e ações políticas".

Ela também é importante na hora do *feedback*. Com base em fatos, evidências e informações, um gestor consegue elaborar uma avaliação de seus colaboradores e de si mesmo. Quando isso é feito de forma sincera e condizente com a realidade, a equipe consegue caminhar melhorando suas falhas e fazendo uso ainda mais efetivo das boas características.

Modelos mentais, comportamentos, informações e impactos são tópicos que devem estar bem integrados no processo. Essa gama de dados tem um grande poder dentro da organização e para quem os utiliza, por isso devem ser cuidadosamente aplicados no *feedback*. Na hora de dizer a alguém os resultados do trabalho dele, prefira ser descritivo ao invés de avaliativo. Retire o julgamento de cena e foque o evento em si.

Especificidade também é importante nessa hora. Evite adjetivos genéricos como "dominador" ou "passivo" e prefira a assertividade quando for falar. "Nesta atividade, você não colaborou com suas ideias. Precisa de maior proatividade" seria uma maneira mais objetiva de falar sobre o ocorrido. Mesmo assim, lembre-se sempre de levar em consideração as necessidades de todos os lados envolvidos.

Dirija sua crítica ou elogio a quem realmente merece, para que o comportamento possa ser mantido ou modificado de acordo com a necessidade. Por fim, lembre-se de perguntar se há dúvidas e se ficou bastante claro o que você disse.

Nem sempre foi fácil para Khaleesi deixar que outras pessoas tomassem atitudes em favor de seu reinado. Ela queria saber tudo, fazer tudo e estar envolvida em todas as atividades. Um tempo perdida pelo deserto enquanto sua equipe mantinha o que ela havia começado em Meereen acabou trazendo à mãe dos dragões a confiança de que precisava no time. Nem ela é a Mulher Maravilha e é preciso ter isso em mente. Seus braços são curtos para o diâmetro do mundo, não é possível abraçá-lo e é por isso que você possui pessoas de confiança do seu lado. Dessa maneira, você pode e deve delegar atividades.

Não seja centralizador, pois irá sofrer com isso. Tentar realizar tudo e resolver todos os problemas sozinho vai sobrecarregá-lo, e o trabalho entregue passa a ter menor qualidade.

Na hora de passar as atividades adiante, saiba direcionar quem vai executá-las. Explique do que se trata, a mecânica de realização e pontos relevantes. Lembre-se de identificar pelos talentos e modelos de comportamento quem é a pessoa mais indicada à tarefa. O treinamento deve ser realizado cuidadosamente, com o acompanhamento do colaborador enquanto ele executa a missão. Estabeleça com ele pontos de controle do que está sendo feito, para que ele consiga monitorar mais facilmente os resultados.

Esses pontos de controle podem ser revisados juntos, em momentos que vocês definirem, demonstrando que você é um líder que dá apoio a seu subordinado. Mas deixe-o livre para realizar sua função tranquilamente, com autonomia e confiança. Após um tempo executando a atividade, a pessoa terá domínio dela o suficiente para sugerir melhorias e indicar pontos específicos. Ouça, filtre e evolua com sua equipe.

"Quem respeita o governador, mas não respeita a faxineira, não é um líder, e sim um interesseiro"

Leandro Karnal, *historiador brasileiro*

No fim das contas, ser líder é ser alguém que olha para o outro. Que entende que sua empresa tem uma razão humana de existir, que vai além dos números. Ela começou porque você identificou uma solução que poderia fazer diferença na vida de alguém e a monetizou. Mas o fato de gerar lucros não tira do negócio a questão que a gerou – prestar um serviço.

A partir daí você traçou seus valores baseados em uma construção antiga, uma história pessoal cheia de referências que sua formação individual trouxe. Questões morais e éticas se desconstruíram e reconstruíram dentro de você nessa busca pelo certo ou errado. A equipe se uniu acreditando no seu sonho, comprando a sua meta e alinhada com seus valores.

Agora é importante reconhecer nesse time pessoas que estão ao seu lado, querendo o melhor para os resultados. Enquanto houver confiança, gentileza e diálogo, você está governando os Sete Reinos. Quebre a roda com honestidade. Seja, inclusive, honesto ao dizer que é isso que você quer. Não construa monstros no seu porão para matar outras pessoas. Aliás, se você achar que precisa de um Frankenstein para protegê-lo, pode acreditar que tem alguma coisa bem errada. Prefira a liberdade dos dragões, que voltam para lutar ao seu lado porque estabeleceram uma relação de confiança com você, assim como os lobos.

"Talvez seja este o segredo. Não é o que fazemos, mas o motivo pelo qual fazemos"
Tyrion Lannister

A guerra pelo Trono de Ferro começa e termina na sua mente. O campo de batalha nada mais é do que a logística. Mas é a maneira como você conduz esse campo dentro de você, a forma como se relaciona com esse meio e as pessoas envolvidas que vão trazer a vitória. Esqueça Cersei! Seja o misto de fogo e gelo que o mundo está esperando e bom reinado.

Consulta Bibliográfica

Consultorias:
- Lucas Donato Santos (psicólogo)
- Amanda Sukadolnick (Instituto Pieron)

Palestra:
- Bruce Dickinson, no Ciab FEBRABAN

Cursos:
- *Big Data Revolution*
- Facebook Insights
- Música, Marcas e Branded Content (ESPM)
- Ecossistema da Música (Espaço Cult)

Portal:
- *Think with Google*

Apostilas:
- Curso sobre liderança do Tribunal de Justiça de São Paulo
- Sebrae sobre planejamento

Livros:
- A Arte de Pedir - Amanda Palmer
- *Chief Culture Office* - Grant McCracken
- Psicologia da alma - Joshua David Stone
- O Poder da Mensagem - Hélio Ribeiro
- Curar - O *Stress*, a Ansiedade e a Depressão Sem Medicamento Nem Psicanálise - David Servan-Schreiber
- *Grouped* - Paul Adams
- *Order Out of chaos* - Ilya Prigogine
- Manual de Sobrevivência (*The US Armed Forces Survival Manual*) - Tradução de Loureiro Cadete

Impressão e acabamento:
Gráfica Oceano